ENCICLOPÉDIA DOS BOLOS

Dados Internacionais de Catalogação na Publicação (CIP)
(Câmara Brasileira do Livro, SP, Brasil)

Sommavilla, Otávia

Enciclopédia dos bolos: vol. 2, intermediário / Otávia Sommavilla. – São Paulo: Editora Melhoramentos, 2019.

ISBN 978-85-06-08410-6

1. Bolos (Culinária) 2. Culinária 3. Gastronomia 4. Receitas I. Título.

18-23096 CDD-641.8653

Índices para catálogo sistemático:

1. Bolos: Receitas: Culinária: Economia doméstica 641.8653

Iolanda Rodrigues Biode - Bibliotecária - CRB-8/10014

Obra conforme o Acordo Ortográfico da Língua Portuguesa

Projeto gráfico e diagramação: Cris Viana - Estúdio Chaleira
Fotografia: Emiliano Boccato
Produção de fotografia: Otávia Sommavilla
Fotografia autora: Henrique Peron
Tratamento de imagem: Robson Mereu - Estúdio M
Consultoria editorial gastronômica: André Boccato

A autora e a editora Melhoramentos agradecem a colaboração da loja Barradoce e da Blend Coberturas, que emprestaram materiais, e a loja Fêtes Locações, que emprestou todas as louças.

1ª edição, novembro de 2019
ISBN: 978-85-06-08410-6

Atendimento ao consumidor:
Caixa Postal 729 - CEP 01031-970
Sao Paulo - SP - Brasil
Tel.: (11) 3874-0880
sac@melhoramentos.com.br
www.editoramelhoramentos.com.br

Impresso na China

OTÁVIA SOMMAVILLA

ENCICLOPÉDIA DOS BOLOS

Vol. 2 - intermediário

MELHORAMENTOS

SUMÁRIO

ingredientes, receitas e técnicas

BOLOS *Intermediário*

BOLOS COM COBERTURA SIMPLES

BOLOS COM MAIS DE UM TIPO DE RECHEIO

BOLOS COM COBERTURA E RECHEIO

Ingredientes, receitas e técnicas

MANTEIGA

Particularmente, acredito que as massas de bolos mais ricas e amanteigadas são as melhores opções no caso de bolos recheados, pois o resultado final fica mais interessante quanto ao sabor, à cor e à textura.

Assim, a maior parte das receitas deste volume pede que, como uma das primeiras etapas do processo, a manteiga seja batida com o açúcar.

Aqui, vale prestar atenção a alguns detalhes:

- De preferência, não substitua a manteiga por margarina. Se isso for absolutamente necessário, procure uma marca com teor de lipídeos de 80%, informação que estará na embalagem do produto. Muitas margarinas têm teor de gordura de 50 a 60%, muito abaixo do ideal, podendo resultar em uma massa desequilibrada.
- Salvo indicação da receita, sempre use manteiga sem sal e em temperatura ambiente. Em locais muito frios, a "temperatura ambiente" ainda será muito baixa, então bata a manteiga até que fique cremosa e, em casos extremos, coloque-a por 30 segundos no micro-ondas em potência baixa (cuidado para não derreter!).
- As receitas que seguem esse processo (bater a manteiga com o açúcar) recomendam que eles sejam batidos até que a mistura fique fofa e clara. Em uma batedeira planetária, isso costuma levar de 5 a 7 minutos.

OVOS E AÇÚCAR

Algumas receitas pedem que ovos e açúcar sejam batidos até que a mistura fique bem clara e fofa. Esse é o chamado "ponto de fita". Como uma referência, esse ponto é obtido quando, ao levantar o batedor da batedeira, a mistura escorre formando uma fita.

RECHEIOS E COBERTURAS

Embora cada bolo tenha seu próprio recheio, as receitas a seguir são muito úteis e podem sempre ser utilizadas.

Uma vantagem desses cremes é que eles podem ser mantidos fora da geladeira por até 2 dias, em temperatura fresca. Caso esteja fazendo muito calor, mantenha os bolos na geladeira ou em ambiente com ar-condicionado.

Por conta da sua consistência cremosa e firme, bicos de confeitar podem ser usados para acabamentos variados.

BUTTERCREAM DE MERENGUE SUÍÇO

O buttercream, uma espécie de creme de manteiga, é uma receita clássica. Embora haja diferentes técnicas para o seu preparo, esta é a minha preferida. A base da receita é um merengue firme, que resulta em um creme leve e, ao mesmo tempo, consistente.

Para o sucesso da receita, é fundamental que o merengue esteja frio e firme antes de acrescentar a manteiga, e que esta esteja bem cremosa e seja sem sal. Outro detalhe importante é o uso da baunilha natural, em extrato ou fava, que resultará em um produto com sabor muito mais intenso.

Buttercream de baunilha

INGREDIENTES

250 G DE MANTEIGA SEM SAL
EM TEMPERATURA AMBIENTE

5 G DE EXTRATO DE BAUNILHA

1 FAVA DE BAUNILHA

3 CLARAS

150 G DE AÇÚCAR

1. Bata a manteiga e o extrato de baunilha na batedeira com o batedor raquete até que fique cremosa. Abra a fava de baunilha pelo sentido do comprimento e, com a ponta da faca, raspe as sementinhas, acrescentando à manteiga. Reserve. Guarde a fava e utilize-a oportunamente em outras receitas.
2. Cozinhe as claras com o açúcar em banho-maria, batendo vigorosamente com um fouet até que espume e atinja a temperatura de 65 °C (bem quente ao toque).
3. Despeje na batedeira e bata, em uma tigela limpa, (com o batedor globo) em velocidade média-alta até atingir a temperatura ambiente e forme um merengue. Diminua a velocidade da batedeira e acrescente a manteiga aos poucos, batendo em velocidade baixa até obter uma mistura cremosa e homogênea.

◆ VARIAÇÕES DE SABOR:

Frutas vermelhas

INGREDIENTES

250 G DE FRUTAS VERMELHAS VARIADAS
E BEM MADURAS (FRAMBOESA,
MORANGO, AMORA E MIRTILO)

25 G DE AÇÚCAR

5 G DE SUCO DE LIMÃO-SICILIANO

1. Misture os ingredientes e leve ao fogo baixo, deixando que cozinhem até as frutas se desmancharem e a mistura adquirir a consistência de uma geleia bastante firme.
2. Deixe que esfrie e acrescente ao buttercream de baunilha.

Chocolate

INGREDIENTES

60 G DE CREME DE LEITE FRESCO

150 G DE CHOCOLATE MEIO AMARGO PICADO

1. Ferva o creme de leite fresco e despeje sobre o chocolate picado.
2. Deixe descansar por 1 minuto e mexa com um fouet até o chocolate derreter.
3. Espere esfriar e misture ao buttercream de baunilha.

Pistache

INGREDIENTES

60 G DE PASTA OU MANTEIGA DE PISTACHE INTEGRAL (FEITA COM PISTACHE PROCESSADO E SEM AROMATIZANTES)

100 G DE PISTACHE SEM SAL EM PEDAÇOS

Misture a pasta de pistache ao buttercream de baunilha e acrescente o pistache picado.

GANACHE

O termo ganache refere-se à mistura de creme de leite e chocolate em proporções diversas. Existem variações da ganache com o acréscimo de manteiga (*ganache beurre*) ou glucose, mas eu prefiro a receita clássica.

Tradicionalmente, usamos creme de leite fresco para o preparo da ganache. Esse produto tem teor de gordura acima de 30%, sabor suave e deve ser fervido antes de ser acrescentado ao chocolate em barra picado.

Considerando que em várias regiões do Brasil o acesso ao creme de leite fresco é mais difícil, algumas receitas neste livro trazem uma ganache feita com creme de leite de lata ou de caixinha. Note que a proporção de chocolate para creme de leite varia, tanto em função do tipo do chocolate quanto ao do creme de leite utilizado.

Aqui apresento apenas receitas que resultam em um creme bastante consistente, ideal para rechear e cobrir bolos e que mantém a consistência cremosa se o bolo estiver em temperatura ambiente.

Ganache de chocolate meio amargo (com creme de leite fresco)

INGREDIENTES

200 G DE CREME DE LEITE FRESCO

400 G DE CHOCOLATE MEIO AMARGO

1. Ferva o creme de leite fresco.
2. Retire do fogo e despeje o creme quente no chocolate picado.
3. Aguarde 1 minuto e mexa com a ajuda de um fouet até que esteja homogêneo.
4. Caso reste algum pedaço de chocolate sem derreter, aqueça a mistura em banho-maria.

Ganache de chocolate meio amargo (com creme de leite pasteurizado)

INGREDIENTES

250 G DE CREME DE LEITE PASTEURIZADO (LATA OU CAIXINHA)

300 G DE CHOCOLATE MEIO AMARGO

1. Aqueça o creme de leite até quase o ponto de fervura.
2. Despeje sobre o chocolate picado.
3. Aguarde 1 minuto e misture com a ajuda de um fouet. Mexa até que esteja homogêneo.
4. Caso reste algum pedaço de chocolate sem derreter, aqueça a mistura em banho-maria.

Ganache de chocolate ao leite (com creme de leite fresco)

INGREDIENTES

125 G DE CREME DE LEITE FRESCO

500 G DE CHOCOLATE AO LEITE

1. Ferva o creme de leite fresco.
2. Retire do fogo e despeje o creme quente no chocolate picado.
3. Aguarde 1 minuto e mexa com a ajuda de um fouet até que esteja homogêneo.
4. Caso reste algum pedaço de chocolate sem derreter, aqueça a mistura em banho-maria.

Ganache de chocolate ao leite (com creme de leite pasteurizado)

INGREDIENTES

200 G DE CREME DE LEITE PASTEURIZADO (LATA OU CAIXINHA)

400 G DE CHOCOLATE AO LEITE

1. Aqueça o creme de leite até quase o ponto de fervura.
2. Despeje sobre o chocolate ao leite picado.
3. Aguarde 1 minuto e mexa com a ajuda de um fouet até que esteja homogêneo.
4. Caso reste algum pedaço de chocolate sem derreter, aqueça a mistura em banho-maria.

IMPORTANTE

O chocolate é um produto bastante delicado, que não resiste a temperaturas muito altas. Quanto maior sua qualidade, menor a resistência. Por esse motivo, a receita pede que o creme de leite seja adicionado ao chocolate, que deve estar em um recipiente frio. Caso contrário, o calor pode ser excessivo, fazendo com que a ganache talhe e parte da gordura do chocolate se separe.

CHANTILI

O creme chantili é muito usado nos bolos recheados, tanto como ingrediente de outros cremes quanto para finalização e acabamento. Neste volume, aparecerá em diversas receitas.

Clássico dos clássicos na confeitaria, o famoso creme que herdou o nome do Castelo de Chantilly, na França – onde teria sido inventado por Vatel –, é uma receita cheia de peculiaridades.

Tudo começa com o ingrediente-chave, o creme de leite fresco. Diferente do creme de leite de lata ou caixinha, é um produto delicado, facilmente perecível e que deve ser mantido refrigerado. Ele deve ter um percentual de gordura de 35% e estar bem gelado. Em dias quentes, o ideal é que seja colocado no congelador por 1 hora antes de ser batido, para assegurar o sucesso da receita.

A quantidade de açúcar varia de acordo com a receita, e podemos acrescentar a baunilha tanto em fava como em extrato.

O processo de preparo do chantili é bem simples, mas exige atenção. Caso o creme seja batido excessivamente, a gordura irá se separar e o creme terá aspecto talhado. Por esse motivo, se você não tiver prática, recomendo bater o chantili à mão, usando um fouet.

Existem no mercado produtos alternativos ao creme de leite fresco. Resultam em um creme bem leve e aerado, "tipo Chantili", e tendo como vantagens um preparo mais simples, custo menor e maior durabilidade. Entretanto, seu sabor e textura são bem diferentes do verdadeiro chantili.

Caso você opte por utilizar esses produtos, siga as recomendações de preparo de cada fabricante.

As receitas deste livro foram todas desenvolvidas com o chantili produzido tendo como base creme de leite fresco.

QUAL A QUANTIDADE DE COBERTURA RECOMENDADA PARA O BOLO?

Algumas receitas já trazem essa informação, mas, caso você queira experimentar com outras coberturas ou até mesmo trocar entre as receitas apresentadas neste livro, segue uma referência aproximada da quantidade a ser utilizada.

Vale lembrar que a quantidade exata vai depender bastante do tipo de trabalho de decoração a ser realizado. Em todos os casos, considere um bolo alto, com aproximadamente 10 cm de altura depois de recheado.

Caso você pretenda cobrir apenas o topo do bolo ou fazer uma camada bem fina, deixando ainda a massa aparente (efeito muito usado nos naked cakes), as quantidades a seguir caem pela metade.

- Bolo redondo de 15 cm de diâmetro → 300 g de buttercream ou ganache
- Bolo redondo de 20 cm de diâmetro → 600 g de buttercream ou ganache
- Bolo redondo de 25 cm de diâmetro → 950 g de buttercream ou ganache

BANHO-MARIA

O banho-maria é um método de cozimento de calor indireto, utilizado sempre que precisamos de uma temperatura suave e uniforme e quando os ingredientes não podem ferver. Chocolate e ovos são dois exemplos de ingredientes que devem ser aquecidos em banho-maria.

Existem equipamentos próprios para isso, como panelas específicas, mas é bem fácil produzir um banho-maria eficiente com utensílios comuns de cozinha: uma panela e um bowl de material resistente ao calor, como aço inox, são suficientes. O ideal é que o recipiente menor, que contém o ingrediente a ser aquecido, não toque na água do recipiente de baixo, recebendo o calor apenas do vapor da água.

CALDA BÁSICA

Nos bolos recheados, é muito importante que o resultado seja úmido. Para isso, a massa deve ter essa característica. Também é possível adicionar um pouco de calda de açúcar às camadas de bolo durante a montagem, antes que recebam o recheio.

Prefiro utilizar uma única calda básica, sem aromas adicionados, salvo em casos especiais.

INGREDIENTES

250 G DE ÁGUA

100 G DE AÇÚCAR

Leve os ingredientes ao fogo e deixe ferver. Retire, espere esfriar e conserve na geladeira.

Obs.: O ideal é usar 25 g de calda básica em cada camada de massa. A calda pode ser armazenada refrigerada, em recipiente tampado, por até 5 dias, e ser usada quando necessário.

MONTAGEM

A técnica usada para cortar, rechear e cobrir os bolos tem impacto tanto no visual quanto no seu sabor final. É importante conseguir um equilíbrio entre massa e recheio, de modo que cada "garfada" proporcione uma experiência deliciosa.

Por conta disso, recomendo sempre que as camadas de massa não ultrapassem 3 cm de altura, e que o recheio seja distribuído em pelo menos duas camadas do bolo.

Cada uma das receitas tem instruções específicas sobre a quantidade e o tamanho das fôrmas a ser utilizadas, de acordo com o rendimento da massa. Em alguns casos, as massas são cortadas horizontalmente, resultando em mais camadas, e, em outros, a massa é dividida em três fôrmas, produzindo assim as camadas de massa suficientes para a montagem do bolo. Caso você precise cortar as camadas de bolo, recomendo que a massa seja assada na véspera, ou então que o bolo seja colocado na geladeira depois de frio por aproximadamente 2 horas. Assim, a massa estará mais firme e menos quebradiça, facilitando o corte. Em ambos os casos, é importante revesti-la com filme plástico, para evitar que resseque.

Uma das camadas quebrou? Não tem problema! Procure utilizá-la no meio da montagem, deixando as inteiras para o topo e a base do bolo e, assim, garantindo a estrutura final.

Em receitas bem balanceadas e adequadamente executadas, é esperado que as camadas de massa saiam do forno crescidas, mas ainda niveladas. Entretanto, caso haja uma "barriguinha" no topo do bolo, nivele-o com uma faca de serra longa antes de iniciar a montagem.

No momento de "empilhar" as camadas de massa e recheio, podemos usar um aro como suporte e montar o bolo dentro dele, ou simplesmente montar o bolo diretamente no prato em que ele será servido. Neste último caso, é fundamental que o recheio seja consistente e esteja no ponto certo.

A vantagem da montagem no aro é que ela permite mais agilidade e sempre proporciona bom acabamento.

É importante que o aro tenha o fundo forrado com um círculo de papel-manteiga (com o exato diâmetro do fundo) e que a lateral seja forrada com uma tira de acetato fino, com a mesma altura do aro.

Outra alternativa, ainda mais simples, é utilizar um saquinho plástico, próprio para congelamento de alimentos. Abra o saquinho pelas laterais, obtendo assim um pedaço grande de plástico, e forre o fundo e a lateral do aro. Monte o bolo e deixe descansar na geladeira por algumas horas. No momento de servir ou decorar, vire-o com o aro no prato em que irá servi-lo ou na base que será utilizada, no caso de bolo decorado. Remova o aro e, cuidadosamente, retire o acetato e o papel-manteiga, ou o saquinho plástico.

CUPCAKES

Charmosos bolinhos individuais que chegaram ao Brasil há pouco tempo e já conquistaram um lugar definitivo no nosso repertório de receitas. São várias as teorias sobre seu surgimento, e há quem diga que já existiam no século XIX. O nome "cupcake" teria surgido por conta do estilo das receitas dos bolinhos, em volume, que pediam "one **cup** of butter ", "two **cups** of sugar"... Logo, "cupcake".

Para o sucesso no preparo de cupcakes, algumas recomendações são importantes: Sempre utilize uma fôrma própria para cupcakes, que devem ser forradas com forminhas de papel. Assim os bolinhos não irão deformar.

Outro detalhe é colocar a fôrma de cupcakes dentro de uma assadeira. Assim, é garantido que o bolinho estará perfeitamente assado sem que o fundo queime.

BOLO OU TORTA?

Em várias regiões do Brasil, bolos elaborados recebem o nome de torta. Porém, as tortas são uma categoria à parte dentro da confeitaria. Elas se diferenciam dos bolos por ter como característica principal uma base crocante, assada e não aerada, que recebe o recheio.

Levando em conta a definição que fizemos no primeiro volume, diferenciando bolos de pães, reconhecemos que a categoria dos bolos é a mais ampla de todas.

BOLOS *com cobertura simples*

RECHEADOS OU PREPARADOS COM
TÉCNICAS DIFERENCIADAS

Biscuit de frutas vermelhas

O biscuit (*biscuit de Savoie*) é um tipo de massa de bolo fofa e aerada, que lembra o pão de ló.

INGREDIENTES

60 G DE FARINHA DE TRIGO

100 G DE FÉCULA DE BATATA

180 G DE AÇÚCAR DE CONFEITEIRO

6 OVOS

RECHEIO

650 G DE FRUTAS VERMELHAS VARIADAS (MORANGO, FRAMBOESA, MIRTILO)

80 G DE AÇÚCAR

25 G DE KIRSCH

450 G DE CREME DE LEITE FRESCO GELADO

1 RECEITA DE CALDA BÁSICA (VER NA P. 12)

MASSA

1. Peneire a farinha de trigo com a fécula de batata e reserve.
2. Reserve 40 g de açúcar e bata o restante com as gemas até que a mistura fique clara e fofa.
3. Separadamente, bata as claras em neve, acrescente o açúcar reservado e bata até ficar firme.
4. Misture delicadamente a farinha ao creme de gemas e acrescente a clara em neve aos poucos, em movimentos suaves, de baixo para cima. Não bata a massa, apenas misture para incorporar.
5. Divida a massa em duas fôrmas redondas de 25 cm de diâmetro de fundo falso, untadas e forradas com papel-manteiga (também untado).
6. Leve ao forno preaquecido a 180 °C por aproximadamente 40 minutos.
7. Retire, espere esfriar por 10 minutos e desenforme.

RECHEIO

1. Reserve as frutas mais bonitas para a decoração e pique as restantes. Pique os morangos em quatro partes, misture 20 g de açúcar e os 25 g de kirsch e reserve.
2. Leve o creme de leite fresco à batedeira com o açúcar restante e bata em ponto de chantili.

   Dica: Em dias muito quentes, é recomendável deixar o creme de leite fresco por 1 hora no congelador antes de bater.
3. Faça a montagem: umedeça levemente as massas com calda básica, coloque um pouco de creme chantili, um pouco das frutas e cubra com outra camada de bolo. Reserve um pouco do chantili e frutas para a decoração do topo do bolo.
4. Sirva gelado.

Bolo gelado

Este é aquele bolinho de infância, embrulhado em pedaços de papel-alumínio e servido bem gelado. Irresistível!

INGREDIENTES

240 G DE FARINHA DE TRIGO

10 G DE FERMENTO EM PÓ

50 G DE CHOCOLATE EM PÓ

4 OVOS

200 G DE AÇÚCAR

170 G DE LEITE, AQUECIDO ATÉ QUASE O PONTO DE FERVURA

CALDA

300 G DE CREME DE LEITE (1 LATA)

395 G DE LEITE CONDENSADO (1 LATA)

50 G DE CHOCOLATE EM PÓ

300 G DE COCO SECO RALADO

1. Peneire a farinha com o fermento e o chocolate em pó. Reserve.
2. Bata as claras em neve com a ajuda da batedeira. Acrescente as gemas e continue batendo em velocidade média. Adicione o açúcar aos poucos, sem parar de bater. Em seguida, acrescente a farinha peneirada com o fermento e o chocolate.
3. Por fim, despeje o leite ainda quente, bata até misturar e imediatamente despeje a massa em uma fôrma retangular média, untada e enfarinhada.
4. Leve ao forno preaquecido a 180 °C e asse até que, espetando um palito, ele saia seco.
5. Espere o bolo esfriar e corte em quadrados.

CALDA

1. Misture o creme de leite, o leite condensado e o chocolate em pó e bata no liquidificador até ficar homogêneo.
2. Passe os quadrados de bolo na calda e, em seguida, no coco ralado, envolvendo-os por inteiro.
3. Embrulhe em pedaços de papel-alumínio e guarde na geladeira.

Bolo Stout

INGREDIENTES

280 G DE FARINHA DE TRIGO

5 G DE FERMENTO EM PÓ

5 G DE BICARBONATO DE SÓDIO

2 OVOS

5 G DE EXTRATO DE BAUNILHA

120 G DE CREME DE LEITE AZEDADO COM 5 G DE SUCO DE LIMÃO

150 G DE MANTEIGA SEM SAL

200 G DE CERVEJA PRETA DO TIPO STOUT (ADOCICADA)

200 G DE AÇÚCAR MASCAVO

180 G DE AÇÚCAR COMUM

1 PITADA DE SAL

GLACÊ

100 G DE MANTEIGA SEM SAL EM TEMPERATURA AMBIENTE

180 G DE CREAM CHEESE TRADICIONAL, DE CONSISTÊNCIA FIRME

10 G DE EXTRATO DE BAUNILHA

250 G DE AÇÚCAR IMPALPÁVEL

MASSA

1. Peneire a farinha, o fermento e o bicarbonato e reserve.
2. Misture, separadamente, os ovos, a baunilha e o creme azedo com a ajuda de um fouet e reserve.
3. Derreta a manteiga, adicione a cerveja, os dois tipos de açúcar e misture bem. Junte a mistura de ovos, o creme azedo e a pitada de sal, na sequência, despeje na tigela com a farinha peneirada. Mexa bem até que fique homogêneo.
4. Divida a massa em duas fôrmas redondas de 20 cm de diâmetro e fundo falso, untadas e enfarinhadas. Leve ao forno a 180 °C por aproximadamente 40 minutos, ou até que espetando um palito no centro, ele saia limpo.
5. Espere esfriar e recheie.

GLACÊ DE CREAM CHEESE

1. Bata a manteiga e o cream cheese na batedeira com o batedor de pá ou raquete. Adicione a baunilha e mexa bem. Acrescente o açúcar impalpável aos poucos, até obter uma mistura homogênea.
2. Deixe o creme descansar na geladeira por meia hora antes de utilizar.
3. Coloque uma das massas em um prato de servir, espalhe sobre ela metade do glacê de cream cheese, cubra com a outra massa e finalize com o restante do glacê.

Bolo gelado de coco e tangerina

INGREDIENTES

300 G DE COCO RALADO SECO

60 G DE FARINHA DE TRIGO

15 G DE FERMENTO EM PÓ

3 OVOS

150 G DE AÇÚCAR

50 G DE MANTEIGA SEM SAL EM TEMPERATURA AMBIENTE

30 G DE FARINHA DE ROSCA

COBERTURA

GOMOS DE 5 TANGERINAS, SEM PELE E SEM SEMENTES

80 G DE VINHO BRANCO DOCE

200 G DE AÇÚCAR

MASSA

1. Toste o coco ralado no forno cerca de 5 minutos, ou até ficar bem sequinho, mas não deixe queimar. Reserve e espere que esteja frio.
2. Peneire a farinha com o fermento e misture ao coco frio.
3. Na batedeira, bata os ovos e o açúcar até obter uma mistura clara e fofa. Adicione a manteiga e bata bem. Retire da batedeira e, com a ajuda de uma espátula, acrescente a mistura de farinha aos poucos. Despeje em uma fôrma de 24 cm de diâmetro, untada com manteiga e polvilhada com farinha de rosca.
4. Leve ao forno preaquecido a 180 °C e asse até que, espetando um palito, ele saia seco.
5. Espere esfriar durante 10 minutos e desenforme no prato em que irá servir.

COBERTURA

1. Cubra o topo do bolo com os gomos de tangerina, sem pele e sem sementes.
2. Leve o vinho e o açúcar ao fogo e cozinhe até ferver e formar uma calda em ponto de fio fraco.
3. Despeje ainda quente sobre o topo do bolo, regando os gomos de tangerina.
4. Espere esfriar e sirva gelado.

Bolo bem-casado

Massa de pão de ló, recheio de doce de leite clarinho... esta é a versão gigante do doce preferido dos casamentos paulistanos.

INGREDIENTES

8 OVOS

300 G DE AÇÚCAR

200 G DE ÁGUA

85 G DE ÓLEO

320 G DE FARINHA DE TRIGO

15 G DE FERMENTO EM PÓ

RECHEIO

790 G DE LEITE CONDENSADO

100 G DE CREME DE LEITE

20 G DE MANTEIGA SEM SAL

4 GEMAS PENEIRADAS

CALDA

200 G DE ÁGUA

100 G DE AÇÚCAR

COBERTURA

20 G DE AÇÚCAR DE CONFEITEIRO

MASSA

1. Bata os ovos com o açúcar até que fique bem claro e fofo e, ao tocar a massa com os dedos, não seja possível sentir os cristais de açúcar.
2. Misture a água e o óleo, junte a mistura de ovos e, em seguida, a farinha peneirada com o fermento. Mexa com um fouet, com movimentos suaves, de baixo para cima.
3. Divida a massa em duas fôrmas redondas de 24 cm de diâmetro, untadas e enfarinhadas, com o fundo forrado com papel-manteiga. Leve ao forno preaquecido a 180 °C por aproximadamente 40 minutos, ou até que, espetando um palito, ele saia seco.
4. Retire do forno, deixe esfriar por 10 minutos, desenforme e retire o papel.
5. Prepare o recheio.

RECHEIO

Leve ao fogo todos os ingredientes e mexa em fogo baixo sem parar, até que o doce se desprenda dos fundos e dos lados da panela.

CALDA

Ferva os ingredientes da calda e deixe que esfrie.

MONTAGEM

1. Com a ajuda de uma faca de serra, descasque a lateral, o fundo e o topo das camadas de massa.
2. Com um aro, faça a montagem: coloque a massa, umedeça com a calda, coloque o recheio e termine com outra camada de massa, umedecendo-a.
3. Por fim, polvilhe com açúcar de confeiteiro para servir.

Carrot Cake

(bolo de cenoura americano)

O tradicional bolo de cenoura americano leva muitas especiarias. Nele, a cenoura é ralada, e não batida no liquidificador como fazemos por aqui. O bolo também é sempre acompanhado de recheio e cobertura de cream cheese. A receita original leva buttermilk, ou leitelho. No Brasil, não encontramos esse ingrediente, mas ele pode ser facilmente substituído por leite azedado com vinagre ou suco de limão.

INGREDIENTES

10 G DE VINAGRE BRANCO

200 G DE LEITE

420 G DE FARINHA DE TRIGO

5 G DE CANELA EM PÓ

2 G DE NOZ-MOSCADA RALADA

15 G DE FERMENTO EM PÓ

5 G DE BICARBONATO DE SÓDIO

4 OVOS

200 G DE AÇÚCAR

165 G DE AÇÚCAR MASCAVO

170 G DE ÓLEO

450 G DE CENOURAS RALADAS NO RALADOR MAIS FINO, EM TIRAS LONGAS.

120 G DE NOZES PICADAS

RECHEIO E COBERTURA

200 G DE MANTEIGA SEM SAL EM TEMPERATURA AMBIENTE

10 G DE EXTRATO DE BAUNILHA

450 G DE CREAM CHEESE EM TEMPERATURA AMBIENTE

420 G DE AÇÚCAR IMPALPÁVEL

50 G DE NOZES PICADAS PARA DECORAR

MASSA

1. Misture o vinagre ao leite e reserve.
2. Peneire a farinha, as especiarias, o fermento e o bicarbonato em uma tigela. Reserve.
3. Bata os ovos com os dois tipos de açúcar e o óleo até que fique bem aerado e claro.
4. Junte a mistura de ovos à farinha peneirada aos poucos, alternando com a cenoura e o leite azedado. Misture tudo até ficar homogêneo e não bata a mistura. Acrescente as nozes.
5. Despeje em 3 assadeiras de 20 cm de diâmetro, untadas e forradas com papel-manteiga untado.
6. Leve ao forno preaquecido a 180 °C e asse por aproximadamente 1 hora, ou até que, espetando um palito, ele saia seco.

RECHEIO E COBERTURA

1. Bata a manteiga com a baunilha, acrescente o cream cheese, misture e adicione o açúcar impalpável aos poucos até que fique cremoso e encorpado.
2. Em dias muito quentes, deixe a mistura descansar na geladeira por 30 minutos antes de utilizar.

MONTAGEM

1. Reserve 1/3 do glacê de cream cheese para a cobertura. Alterne camadas de bolo de cenoura com o recheio de cream cheese.
2. Decore com as nozes picadas.

Bolo de chocolate e iogurte

INGREDIENTES

320 G DE FARINHA DE TRIGO

5 G DE FERMENTO EM PÓ

5 G DE BICARBONATO DE SÓDIO

100 G DE MANTEIGA SEM SAL
EM TEMPERATURA AMBIENTE

10 G DE EXTRATO DE BAUNILHA

300 G DE AÇÚCAR

3 OVOS

280 G DE IOGURTE NATURAL

120 G DE CHOCOLATE MEIO AMARGO DERRETIDO

COBERTURA

250 G DE AÇÚCAR

100 G DE ÁGUA

3 CLARAS

MASSA

1. Unte e enfarinhe uma fôrma de bolo inglês média, forrando o fundo com papel-manteiga.
2. Em uma tigela, peneire a farinha, o fermento e o bicarbonato e reserve. À parte, bata a manteiga, a baunilha, o açúcar e os ovos. Acrescente o iogurte, os ingredientes secos peneirados e o chocolate derretido.
3. Despeje na fôrma e leve ao forno preaquecido a 180 °C por aproximadamente 30 minutos.
4. Retire e, após esfriar, aplique a cobertura de claras.

COBERTURA DE CLARAS

1. Leve a água e o açúcar ao fogo e deixe ferver, sem mexer, até atingir o ponto de bala dura. Para saber o ponto, teste a temperatura com um termômetro culinário. A calda deve atingir 126 °C.
2. Enquanto a calda cozinha, coloque as claras na batedeira e bata-as em neve. Despeje a calda quente sobre as claras e volte a bater até que esfrie e fique firme.
3. Cubra o bolo com a cobertura e decore com a ajuda de uma espátula.

Torta de chocolate com coco e cobertura de brigadeiro

INGREDIENTES

60 G DE AÇÚCAR

60 G DE MANTEIGA SEM SAL EM TEMPERATURA AMBIENTE

6 OVOS

100 G DE COCO RALADO SECO

80 G DE CHOCOLATE EM PÓ

15 G DE FERMENTO EM PÓ

COBERTURA

395 G DE LEITE CONDENSADO

40 G DE CHOCOLATE EM PÓ

20 G DE MANTEIGA SEM SAL

80 G DE COCO FRESCO RALADO

MASSA

1. Bata o açúcar, a manteiga e os ovos na batedeira e acrescente os demais ingredientes, com exceção do fermento.
2. Depois, acrescente o fermento e misture com um fouet.
3. Despeje a massa em uma fôrma redonda de 20 cm de diâmetro, untada com manteiga e polvilhada com açúcar. Leve ao forno preaquecido a 180 °C e asse até que, espetando um palito, ele saia seco.
4. Espere esfriar por 10 minutos e desenforme sobre uma grade.
5. Prepare a cobertura.

COBERTURA DE BRIGADEIRO DE COLHER

1. Misture todos os ingredientes e leve ao fogo, mexendo constantemente até ferver.
2. Retire do fogo, espere esfriar por 10 minutos e cubra a torta.
3. Decore com coco ralado.

Bolo suflê de chocolate

Após esfriar, este bolo vai abaixar e rachar no topo. Com isso, vai desenvolver a textura mais maravilhosa do mundo, com intenso sabor de chocolate. Perfeito para o contraste com o creme de queijo mascarpone.

INGREDIENTES

240 G DE CHOCOLATE MEIO AMARGO

100 G DE MANTEIGA SEM SAL

6 OVOS

40 G DE CACAU EM PÓ

1 PITADA DE SAL

150 G DE AÇÚCAR

COBERTURA

200 G DE CREME DE LEITE FRESCO

50 G DE AÇÚCAR DE CONFEITEIRO

100 G DE QUEIJO MASCARPONE

MASSA

1. Derreta o chocolate e a manteiga em banho-maria.
2. Bata as gemas com o cacau, sal e 50 g do açúcar até que fique homogêneo. Junte o chocolate derretido, misture bem e acrescente a manteiga derretida.
3. Bata as claras em neve em picos moles (não bata demais) e misture-as ao creme de chocolate e ovos com movimentos delicados, de baixo para cima.
4. Coloque a massa em uma fôrma redonda de 20 cm de diâmetro, generosamente untada com manteiga e polvilhada com açúcar.
5. Leve ao forno preaquecido a 170 °C e asse por 40 minutos, ou até que o topo esteja bem alto e firme.
6. Retire do forno e deixe esfriar.

COBERTURA

1. Bata o creme de leite com o açúcar em ponto de chantili e retire da batedeira. Adicione o mascarpone e misture com uma espátula.
2. Espalhe no topo do bolo e sirva.

Mississippi Mud Cake

Receita americana no melhor estilo "comfort food": uma camada de bolo bem denso e úmido, quase um brownie, uma de marshmallow e um pouco de calda de chocolate.

INGREDIENTES

- 5 G DE SUCO DE LIMÃO
- 100 G DE LEITE
- 400 G DE AÇÚCAR
- 120 G DE NOZES-PECÃS EM PEDAÇOS
- 1 PITADA DE SAL
- 360 G DE FARINHA DE TRIGO
- 3 OVOS
- 5 G DE EXTRATO DE BAUNILHA
- 100 G DE MANTEIGA SEM SAL
- 85 G DE ÓLEO
- 30 G DE CACAU EM PÓ
- 50 G DE ÁGUA
- 5 G DE BICARBONATO DE SÓDIO

COBERTURA

- 150 G DE MINIMARSHMALLOWS BRANCOS
- 40 G DE CHOCOLATE EM PÓ
- 40 G DE MANTEIGA SEM SAL
- 50 G DE AÇÚCAR DE CONFEITEIRO
- 30 G DE LEITE
- 50 G DE NOZES-PECÃS (PARA DECORAR)

MASSA

1. Acrescente o suco de limão ao leite e reserve.
2. Misture o açúcar, as pecãs, o sal e a farinha peneirada. Reserve.
3. Mescle os ovos, o leite acidificado e a baunilha e reserve.
4. Derreta a manteiga com o óleo, o cacau e a água e adicione à mistura de farinha reservada, alternando com a mistura de ovos.
5. Por fim, acrescente o bicarbonato de sódio e mexa bem com a ajuda de um fouet.
6. Despeje a massa em uma fôrma retangular de aproximadamente 20 cm x 30 cm de lado, untada e enfarinhada.
7. Leve ao forno preaquecido a 170 °C e asse por 30 minutos, ou até que esteja firme na superfície.
8. Retire do forno.

COBERTURA

1. Com o bolo recém-saído do forno, distribua os marshmallows por cima.
2. Leve o chocolate em pó, a manteiga, o açúcar de confeiteiro e o leite ao fogo até ferver. Espere esfriar por 5 minutos e despeje às colheradas sobre os marshmallows.
3. Decore com as pecãs.

Petit gâteau clássico

INGREDIENTES

200 G DE MANTEIGA SEM SAL

270 G DE CHOCOLATE MEIO AMARGO

4 OVOS

4 GEMAS

150 G DE AÇÚCAR DE CONFEITEIRO

50 G DE FARINHA DE TRIGO

MASSA - PARA 4 UNIDADES

1. Derreta a manteiga com o chocolate em banho-maria.
2. Bata os ovos, as gemas e o açúcar até que este último se dissolva e a mistura fique homogênea.
3. Acrescente o chocolate derretido e, por fim, a farinha, peneirando-a sobre a mistura.
4. Divida a massa em quatro fôrmas de petit gâteau, generosamente untadas com manteiga e polvilhadas com farinha.
5. Leve ao forno preaquecido a 200 °C e asse por aproximadamente 10 minutos, ou até que as bordas estejam firmes.
6. Retire do forno, aguarde 1 minuto e vire-os sobre o prato de sobremesa com a ajuda de uma luva térmica.
7. Guarneça com sorvete de baunilha e sirva. Se desejar, decore com chantili e framboesa.

Bolo de banana e abacaxi com cobertura cremosa de baunilha

(vegano, sem leite e sem glúten)

INGREDIENTES

400 G DE FARINHA SEM GLÚTEN*

1 PITADA DE SAL

10 G DE FERMENTO EM PÓ

5 G DE BICARBONATO DE SÓDIO

320 G DE AÇÚCAR

5 G DE CANELA

2,5 G DE GOMA XANTANA

200 G DE LEITE DE AMÊNDOAS

120 G DE ÓLEO VEGETAL (GIRASSOL)

5 G DE EXTRATO DE BAUNILHA

2 BANANAS NANICAS MADURAS

180 G DE ABACAXI EM CALDA, PICADO EM CUBINHOS E BEM ESCORRIDO

100 G DE NOZES PICADAS

100 G DE ÁGUA QUENTE

RECHEIO E COBERTURA

250 G DE LEITE DE AMÊNDOAS

100 G DE LEITE DE SOJA EM PÓ

15 G DE FARINHA DE COCO

2,5 G DE GOMA XANTANA

150 G DE NÉCTAR DE AGAVE

240 G DE ÓLEO DE COCO

15 G DE SUCO DE LIMÃO-SICILIANO

5 G DE EXTRATO DE BAUNILHA

RODELAS DE ABACAXI DESIDRATADO PARA DECORAR

MASSA

1. Peneire a farinha, o sal, o fermento, o bicarbonato, o açúcar, a canela e a goma xantana.
2. Misture o leite de amêndoas, o óleo, a baunilha e as bananas amassadas. Junte à mistura de farinhas e acrescente o abacaxi e as nozes. Por último, adicione a água quente. Não bata a massa, mexa apenas para que fique homogênea.
3. Leve ao forno preaquecido a 180 °C em duas fôrmas redondas de 20 cm de diâmetro, untadas e enfarinhadas (pode usar a farinha sem glúten), por 40 minutos.
4. Espere esfriar, recheie com a cobertura cremosa de baunilha e decore a gosto.

RECHEIO E COBERTURA

1. Coloque o leite de amêndoas, o leite em pó, a farinha de coco, a goma xantana e o agave no copo do liquidificador. Ligue o aparelho e despeje aos poucos o óleo de coco. Finalize com o suco de limão e a baunilha.
2. Em dias frios, a cobertura já estará mais consistente. Em dias muito quentes, será necessário refrigerar.
3. Espere ficar na consistência correta e utilize.
4. Conserve o bolo na geladeira.

MONTAGEM

1. Corte cada massa ao meio e alterne camadas de massas e recheio.
2. Finalize com o recheio e decore com abacaxi em rodelas.

*Essa farinha é encontrada em lojas especializadas. É uma mistura de fécula de mandioca, farinha de arroz e amido de milho.

Bolo clássico de aniversário

(versão vegana e sem glúten)

INGREDIENTES

350 G DE FARINHA DE AMÊNDOAS
140 G DE FÉCULA DE BATATA
250 G DE AÇÚCAR
10 G DE FERMENTO EM PÓ
5 G DE BICARBONATO DE SÓDIO
320 G DE LEITE DE AMÊNDOAS
15 G DE VINAGRE
100 G DE PURÊ DE MAÇÃ SEM AÇÚCAR

RECHEIO E COBERTURA

250 G DE LEITE DE AMÊNDOAS
100 G DE LEITE DE SOJA EM PÓ
15 G DE FARINHA DE COCO
2,5 G DE GOMA XANTANA
150 G DE NÉCTAR DE AGAVE
240 G DE ÓLEO DE COCO
10 G DE SUCO DE LIMÃO-SICILIANO
5 G DE EXTRATO DE BAUNILHA
150 G DE AMÊNDOAS EM LÂMINAS PARA DECORAR

MASSA

1. Peneire os ingredientes secos e reserve.
2. Misture os ingredientes líquidos.
3. Acrescente os líquidos aos secos e mexa somente até misturar.
4. Despeje a massa em três fôrmas redondas de 15 cm de diâmetro, untadas com óleo e forradas com papel-manteiga. Asse em forno preaquecido a 180 °C por aproximadamente 25 minutos.

RECHEIO E COBERTURA

1. Coloque no copo do liquidificador o leite de amêndoas, o leite em pó, a farinha de coco, a goma xantana e o agave. Ligue o aparelho e despeje aos poucos o óleo de coco.
2. Finalize com o suco de limão e a baunilha.

MONTAGEM:

1. Utilize um aro de 15 cm de diâmetro e 10 cm de altura. Forre-o com um uma tira de acetato de 10 cm de altura, para facilitar a desmontagem.
2. Reserve 200 g do recheio para decoração. Com o recheio restante, alterne camadas de massa e recheio, e leve à geladeira para que o recheio fique firme.
3. Retire do aro, retire o acetato cuidadosamente. Com a ajuda de uma espátula, passe uma fina camada do creme de baunilha reservado na lateral e no topo.
4. Decore a lateral do bolo com as amêndoas em lâminas.

Bolo de banana com crocante de amendoim

Quando eu era criança, passava férias na casa da minha avó materna. Ela fazia a melhor paçoca do mundo, e o lanche da tarde era banana com paçoca! Desde aquele tempo, a combinação do sabor da banana e do amendoim é perfeita para mim. Este bolo é para relembrar aquela época.

INGREDIENTES

4 BANANAS NANICAS MADURAS

10 G DE SUCO DE LIMÃO-SICILIANO

260 G DE AMENDOINS SEM PELE E SEM SAL

300 G DE AÇÚCAR

100 G DE MANTEIGA SEM SAL

3 OVOS

150 G DE CREME DE LEITE FRESCO

50 G DE PASTA DE AMENDOIM

225 G DE FARINHA DE TRIGO

10 G DE FERMENTO EM PÓ

RECHEIO E COBERTURA

75 G DE MANTEIGA SEM SAL
EM TEMPERATURA AMBIENTE

150 G DE PASTA INTEGRAL DE AMENDOIM

200 G DE AÇÚCAR DE CONFEITEIRO

MASSA

1. Amasse as bananas e adicione o suco de limão. Reserve.
2. Toste os amendoins em uma frigideira, mexendo de forma contínua por aproximadamente 10 minutos. Não deixe que queimem. Retire da frigideira e reserve.
3. Leve ao fogo 160 g do açúcar até que derreta e comece a borbulhar. Acrescente o amendoim torrado, mexa bem, e despeje este caramelo sobre um tapete de silicone. Deixe esfriar e passe no processador de alimentos até obter uma farofa crocante. Reserve.
4. Bata o açúcar restante com a manteiga e as gemas até obter um creme bem leve e fofo. Acrescente o creme de leite fresco, adicione a pasta de amendoim e as bananas e mexa bem. Acrescente a farinha peneirada com o fermento.
5. Reserve 1/3 do crocante de amendoim para a decoração e acrescente o restante à massa. Bata as claras em neve e adicione à massa, com movimentos suaves, de baixo para cima.
6. Despeje a massa em duas fôrmas redondas de 20 cm de diâmetro, untadas e forradas com papel-manteiga. Leve ao forno preaquecido a 180 °C até que, espetando um palito, ele saia seco.
7. Espere 10 minutos, desenforme, retire o papel e deixe esfriar em uma grade.

RECHEIO E COBERTURA

1. Bata a manteiga com a pasta de amendoim e acrescente o açúcar de confeiteiro.
2. Divida o creme em duas partes, uma para rechear e outra para cobrir o topo do bolo. Decore com o crocante de amendoim reservado.

Bolo de chocolate Amaretto

Uma camada de bolo fofinho, coberta com muita trufa de chocolate, e o toque dos amaretti.

INGREDIENTES

75 G DE MANTEIGA

40 G DE AÇÚCAR DE CONFEITEIRO

2 OVOS

100 G DE FARINHA DE TRIGO COM FERMENTO

20 G DE CACAU EM PÓ

100 G DE FARINHA DE AMÊNDOAS

COBERTURA

250 G DE CREME DE LEITE FRESCO

300 G DE CHOCOLATE MEIO AMARGO

80 G DE MANTEIGA SEM SAL

150 G DE BISCOITOS AMARETTI PICADOS

15 G DE LICOR DE AMÊNDOAS

MASSA

1. Bata a manteiga e o açúcar até obter um creme fofo e pálido. Acrescente os ovos, batendo bem após cada adição.
2. Peneire a farinha com o cacau e junte à mistura de ovos e manteiga, seguida pela farinha de amêndoas.
3. Despeje a massa em uma fôrma redonda de 20 cm de diâmetro, untada e forrada com papel-manteiga.
4. Asse em forno preaquecido a 170 °C por aproximadamente 35 minutos.

COBERTURA

1. Aqueça o creme de leite até quase ferver. Adicione o chocolate picado e a manteiga em temperatura ambiente. Mexa até ficar homogêneo e acrescente os pedacinhos de amaretti.
2. Coloque a massa assada em um aro de 20 cm de diâmetro, umedeça com licor de amêndoas e complete com a cobertura de chocolate. Leve à geladeira até ficar firme.
3. Decore a gosto.

Cheesecake

A tradução livre coloca esta receita no rol dos "bolos", mas, para muitos por aqui, seria uma torta...

Buscando as origens do cheesecake, provavelmente na Grécia antiga, temos um bolo de farinha de centeio, queijo de cabra e muito mel.

Desde os tempos gregos, a receita passou por inúmeras adaptações, e cada região do planeta desenvolveu a sua. Aqui, apresento uma receita deliciosa que tem origem em Nova York.

INGREDIENTES

2 OVOS

40 G DE AÇÚCAR

30 G DE FARINHA DE TRIGO

CREME

3 OVOS

160 G DE AÇÚCAR

600 G DE CREAM CHEESE
EM TEMPERATURA AMBIENTE

150 G DE CREME DE LEITE FRESCO

10 G DE SUCO DE LIMÃO-SICILIANO

15 G DE AÇÚCAR

BASE

1. Bata os ovos com o açúcar até que forme um creme fofo e bem clarinho. Utilize uma batedeira de mão.
2. Desligue a batedeira e junte a farinha aos poucos, misturando com um fouet.
3. Despeje a massa em uma fôrma retangular pequena e asse em forno preaquecido a 180 °C por 15 minutos.
4. Assim que esfriar, recorte um círculo exatamente do tamanho da base da fôrma em que o cheesecake será feito.

CREME

1. Misture os ovos e o açúcar, bata com um garfo para misturar e reserve, para que o açúcar derreta e se misture aos ovos.
2. Bata o cream cheese com uma espátula, para que fique bem cremoso, e acrescente a mistura de açúcar e ovos reservada, mexendo com um fouet. Não bata excessivamente, pois o segredo de um bom cheesecake é que não incorpore muito ar.
3. Misture o creme de leite fresco ao suco de limão e reserve.
4. Coloque na fôrma preparada e leve ao forno a 180 °C por aproximadamente 40 minutos. Desligue o forno e espere o cheesecake amornar. Enquanto isso, junte os 15 g de açúcar ao creme de leite com limão, despeje sobre o cheesecake e leve novamente ao forno a 180 °C por mais 15 minutos.
5. Deixe que esfrie dentro do forno.
6. Guarde na geladeira e sirva com frutas vermelhas maduras.

Blackout Cake

Esta receita ficou muito famosa em Nova York, mais precisamente no Brooklyn, na década de 1970. Aqui apresento uma adaptação, com uma massa de chocolate bem úmida e escura e com recheio cremoso.

INGREDIENTES

5 G DE VINAGRE BRANCO

240 G DE CREME DE LEITE

380 G DE FARINHA DE TRIGO

80 G DE CHOCOLATE EM PÓ

20 G DE CACAU EM PÓ

10 G DE FERMENTO EM PÓ

5 G DE BICARBONATO DE SÓDIO

200 G DE MANTEIGA

400 G DE AÇÚCAR

80 G DE ÓLEO

4 OVOS

120 G DE ÁGUA QUENTE

RECHEIO

30 G DE CHOCOLATE EM PÓ

60 G DE AMIDO DE MILHO

140 G DE AÇÚCAR

280 G DE LEITE INTEGRAL

250 G DE CREME DE LEITE FRESCO

5 GEMAS

100 G DE CHOCOLATE MEIO AMARGO PICADO

MASSA

1. Misture o vinagre ao creme de leite e reserve.
2. Peneire a farinha, o chocolate em pó, o cacau, o fermento e o bicarbonato. Reserve.
3. Bata a manteiga com o açúcar, acrescente o óleo e bata bem.
4. Acrescente os ovos, um a um.
5. Alterne as farinhas com o creme de leite e, por fim, adicione a água quente.
6. Leve para assar em três fôrmas redondas de 20 cm de diâmetro, untadas e enfarinhadas.

RECHEIO

1. Misture o chocolate em pó com o amido e o açúcar.
2. Acrescente o leite, o creme de leite fresco e as gemas.
3. Misture com a ajuda de um fouet.
4. Passe a mistura por uma peneira e leve ao fogo baixo, mexendo sempre, até aparecerem as primeiras bolhas da fervura. Retire do fogo, peneire novamente e acrescente o chocolate meio amargo em pedaços.
5. Misture até que fique homogêneo e deixe o creme esfriar coberto com um filme plástico aderido à superfície, para que não crie película.

MONTAGEM

1. Nivele os bolos com uma faca de serra e guarde as aparas, que serão usadas na decoração. Separe ¼ do creme de chocolate para decoração.
2. Intercale camadas de massa e creme, montando o bolo em um aro.
3. Leve à geladeira por 5 horas, retire do aro, espalhe o creme reservado e finalize a cobertura com as aparas reservadas.

Bolo bola de neve

INGREDIENTES

5 G DE VINAGRE DE MAÇÃ

200 G DE CREME DE LEITE FRESCO

380 G DE FARINHA DE TRIGO

10 G DE FERMENTO EM PÓ

5 G DE BICARBONATO DE SÓDIO

120 G DE CHOCOLATE EM PÓ

30 G DE CACAU EM PÓ

200 G DE MANTEIGA SEM SAL EM TEMPERATURA AMBIENTE

400 G DE AÇÚCAR

2 OVOS

200 G DE CAFÉ COADO, FRESCO E FRIO

RECHEIO E COBERTURA

200 G DE COCO FRESCO RALADO

200 G DE MANTEIGA SEM SAL EM TEMPERATURA AMBIENTE

200 G DE CREAM CHEESE EM TEMPERATURA AMBIENTE

5 G DE EXTRATO DE BAUNILHA

400 G DE AÇÚCAR IMPALPÁVEL

1 RECEITA DE CALDA BÁSICA (VER P. 12)

MASSA

1. Misture o vinagre ao creme de leite e reserve.
2. Peneire a farinha, o fermento, o bicarbonato, o chocolate em pó e o cacau. Reserve.
3. Bata a manteiga com o açúcar até obter uma mistura fofa e clara. Junte os ovos, um de cada vez, e bata. Acrescente o creme de leite, misture bem e, em seguida, adicione a mistura de farinha e chocolate. Por fim, acrescente o café.
4. Transfira a massa para três fôrmas redondas de 20 cm de diâmetro, untadas e enfarinhadas, e leve ao forno preaquecido a 180 °C por aproximadamente 40 minutos.
5. Deixe esfriar e recheie.

RECHEIO E COBERTURA

1. Reserve o coco para a decoração.
2. Bata a manteiga e o cream cheese até obter um creme homogêneo. Acrescente a baunilha, misture bem e adicione o açúcar impalpável aos poucos.

MONTAGEM

1. Alterne camadas de massa e de recheio, umedecendo a massa com calda básica.
2. Finalize cobrindo a lateral e o topo do bolo com o creme e salpicando com o coco ralado.

Bolo de chocolate sem farinha

INGREDIENTES

220 G DE CHOCOLATE MEIO AMARGO

170 G DE ÓLEO

150 G DE FARINHA DE AMÊNDOAS

40 G DE CHOCOLATE EM PÓ

60 G DE COCO RALADO

6 OVOS

200 G DE AÇÚCAR

5 G DE EXTRATO DE BAUNILHA

COBERTURA

2 CLARAS

20 G DE AÇÚCAR

150 G DE CHOCOLATE MEIO AMARGO DERRETIDO EM BANHO-MARIA

MASSA

1. Derreta o chocolate, misture o óleo e reserve.
2. Misture a farinha de amêndoas com o chocolate em pó e o coco ralado e reserve.
3. Bata os ovos com o açúcar e acrescente a baunilha, batendo até que fique um creme bem fofo e claro.
4. Acrescente uma pequena quantidade dos ovos batidos ao chocolate derretido e misture até ficar homogêneo. Junte ao restante dos ovos batidos.
5. Acrescente a farinha de amêndoas com a ajuda de uma espátula e, com movimentos delicados de baixo para cima, incorpore sem que haja muita perda de volume.
6. Despeje a massa em uma fôrma redonda de 25 cm de diâmetro, untada e forrada com papel-manteiga. Asse a 180 °C por aproximadamente 40 minutos.

COBERTURA

1. Bata as claras em neve, adicione o açúcar e bata até incorporá-lo. Aos poucos, acrescente as claras batidas ao chocolate já frio e misture em movimentos delicados, de baixo para cima, para não perder volume.
2. Espalhe no bolo já frio e leve à geladeira por 1 hora antes de servir.

Naked Cake de limão-siciliano

INGREDIENTES

380 G DE FARINHA DE TRIGO

15 G DE FERMENTO EM PÓ

35 G DE SEMENTES DE PAPOULA

200 G DE MANTEIGA SEM SAL EM TEMPERATURA AMBIENTE

400 G DE AÇÚCAR

RASPAS DA CASCA DE 2 LIMÕES-SICILIANOS

4 OVOS

200 G DE LEITE INTEGRAL

30 G DE SUCO DE LIMÃO-SICILIANO

CALDA

40 G DE SUCO DE LIMÃO-SICILIANO

130 G DE ÁGUA

35 G DE AÇÚCAR

RECHEIO E COBERTURA

250 G DE MANTEIGA SEM SAL EM TEMPERATURA AMBIENTE

5 G DE EXTRATO DE BAUNILHA

1 FAVA DE BAUNILHA

3 CLARAS

150 G DE AÇÚCAR

FRAMBOESAS PARA DECORAR

MASSA

1. Peneire a farinha com o fermento e adicione as sementes de papoula. Reserve.
2. Na batedeira, bata a manteiga com o açúcar e as raspas de limão até que fique bem cremoso, e adicione os ovos, um a um, batendo bem após cada adição.
3. Adicione a farinha reservada (em três adições) alternando com o leite.
4. Desligue a batedeira, adicione o suco de limão e misture, com a ajuda de uma espátula de silicone.
5. Despeje a massa em três fôrmas redondas de 20 cm de diâmetro, untadas e enfarinhadas, e leve ao forno preaquecido a 180 °C por aproximadamente 40 minutos.
6. Retire do forno, deixe amornar, desenforme e espere até que esfrie totalmente.

CALDA DE LIMÃO-SICILIANO

Leve os ingredientes ao fogo em uma panela pequena e deixe levantar fervura. Retire e deixe que esfrie para utilizar.

RECHEIO E COBERTURA

1. Na batedeira, bata a manteiga e o extrato de baunilha com o batedor raquete, até obter uma mistura cremosa. Retire e reserve. Abra a fava de baunilha pelo sentido do comprimento e, com a ponta da faca, raspe as sementinhas acrescentando-as à mistura. Guarde a fava para utilizar em outras receitas. Reserve a manteiga batida.
2. Leve as claras e o açúcar ao fogo em banho-maria e cozinhe, batendo vigorosamente com um fouet até que espume e atinja a temperatura de 65 °C (bem quente ao toque).
3. Despeje na batedeira, em uma tigela limpa, e, com o batedor globo, bata em velocidade média-alta até que esfrie e forme um merengue. Diminua a velocidade e acrescente a manteiga reservada aos poucos, batendo em velocidade baixa até que a mistura fique cremosa e homogênea.

MONTAGEM

1. Com a ajuda de um aro ou diretamente no prato em que será servido, coloque uma camada de bolo, umedeça com a calda, espalhe 1/3 do recheio e repita o processo sucessivamente até terminar com a última camada de bolo. Cubra a lateral e o topo com uma fina camada de cobertura e decore com as framboesas.
2. Conserve na geladeira.

Bolo de morango

INGREDIENTES

280 G DE FARINHA DE TRIGO

45 G DE AMIDO DE MILHO

10 G DE FERMENTO EM PÓ

2,5 G DE BICARBONATO DE SÓDIO

120 G DE MANTEIGA EM TEMPERATURA AMBIENTE

200 G DE AÇÚCAR

2 OVOS

150 G DE LEITE

100 G DA COMPOTA DE MORANGO

COMPOTA DE MORANGO

600 G DE MORANGOS FRESCOS, LIMPOS E CORTADOS EM CUBINHOS

40 G DE AÇÚCAR

SUCO DE 1 LIMÃO-SICILIANO

RECHEIO E COBERTURA

250 G DE MANTEIGA SEM SAL EM TEMPERATURA AMBIENTE

200 G DE CREAM CHEESE

50 G DA COMPOTA DE MORANGO

5 G DE EXTRATO DE BAUNILHA

300 G DE AÇÚCAR IMPALPÁVEL

1 RECEITA DE CALDA BÁSICA (VER NA P. 12)

150 G DE MORANGOS GRANDES PARA DECORAÇÃO.

MASSA

1. Peneire os quatro primeiros ingredientes e reserve.
2. Bata a manteiga com o açúcar até formar um creme e acrescente os ovos, um a um. Adicione a mistura de farinhas, alternando com o leite e a compota de morango.
3. Divida a massa em três fôrmas redondas de 15 cm de diâmetro, untadas e enfarinhadas, e leve ao forno a 180 °C por aproximadamente 45 minutos..

COMPOTA DE MORANGOS

Leve todos os ingredientes ao fogo e deixe que fervam, até cozinhar e reduzir.

RECHEIO E COBERTURA

Bata a manteiga com o cream cheese até obter um creme. Adicione a compota de morango, a baunilha e o açúcar aos poucos, batendo sempre.

MONTAGEM

Alterne massa, calda básica e recheio. Cubra com o restante do creme e decore com os morangos.

Bolo tropical

INGREDIENTES

240 G DE FARINHA DE TRIGO

8 G DE FERMENTO EM PÓ

30 G DE ÓLEO

100 G DE ÁGUA

3 OVOS GRANDES

200 G DE AÇÚCAR

RECHEIO

10 G DE GELATINA EM PÓ SEM SABOR

20 G DE ÁGUA

3 OVOS

2 GEMAS

150 G DE SUCO DE MARACUJÁ CONCENTRADO

250 G DE MANTEIGA SEM SAL

150 G DE AÇÚCAR

100 G DE CREME DE LEITE FRESCO

10 G DE AÇÚCAR

MONTAGEM

120 G DE MORANGOS FRESCOS

100 G DE NECTARINAS FRESCAS

100 G DE GOMOS DE TANGERINA

50 G DE KIWIS FRESCOS

50 G DE FRAMBOESAS FRESCAS

100 G DE CREME DE LEITE FRESCO

10 G DE AÇÚCAR

MASSA

1. Peneire a farinha com o fermento e, separadamente, misture o óleo à água.
2. Na batedeira, bata os ovos e o açúcar com o batedor de arame por pelo menos 10 minutos, ou até que a mistura fique muito fofa e aerada.
3. Desligue a batedeira, acrescente a água, mexa e, aos poucos, adicione a farinha, mexendo com um fouet em movimentos de baixo para cima, até que esteja tudo misturado e bem homogêneo.
4. Despeje a massa em três assadeiras redondas de 15 cm de diâmetro forradas com papel-manteiga untado e leve ao forno preaquecido a 180 °C por aproximadamente 45 minutos.

RECHEIO

1. Polvilhe a gelatina na água e deixe hidratar.
2. Separe as claras dos 3 ovos e reserve.
3. Junte as 2 gemas do recheio com as 3 gemas dos ovos inteiros e passe-as por uma peneira, misture as claras reservadas e leve ao fogo com o açúcar e o suco de maracujá. Cozinhe em banho-maria até engrossar. Retire do fogo, junte a gelatina hidratada e misture bem para dissolver. Acrescente a manteiga, misture novamente e deixe que esfrie.
4. Bata o creme de leite fresco com os 10 g de açúcar em ponto de chantili e misture o creme de maracujá já frio. Recheie o bolo imediatamente.

MONTAGEM

1. Alterne camadas de massa, creme de maracujá e frutas picadas. Finalize com a massa.
2. Leve à geladeira por 5 horas para que o recheio fique firme.
3. Para servir, bata o creme de leite fresco da montagem com o açúcar na batedeira até que fique com consistência de creme chantili.
4. Espalhe o creme na lateral e no topo do bolo com a ajuda de uma espátula. Decore com as frutas.

Bolo Tiramisu

INGREDIENTES

240 G DE FARINHA DE TRIGO

8 G DE FERMENTO EM PÓ

30 G DE ÓLEO

100 G DE ÁGUA

3 OVOS GRANDES

200 G DE AÇÚCAR

CALDA

50 G DE ÁGUA

100 G DE AÇÚCAR

5 G DE CAFÉ SOLÚVEL

50 G DE RUM

RECHEIO E COBERTURA

220 G DE MANTEIGA SEM SAL
EM TEMPERATURA AMBIENTE

5 G DE EXTRATO DE BAUNILHA

3 CLARAS

150 G DE AÇÚCAR

120 G DE QUEIJO MASCARPONE

MONTAGEM

100 G DE RASPAS DE CHOCOLATE MEIO AMARGO

MASSA

1. Peneire a farinha com o fermento e, separadamente, misture o óleo e a água.
2. Na batedeira, bata os ovos e o açúcar com o batedor de arame por pelo menos 10 minutos, até que a mistura fique bem fofa e aerada.
3. Desligue a batedeira, acrescente a água, mexa e, aos poucos, acrescente a farinha, incorporando com um fouet em movimentos de baixo para cima, até que esteja tudo bem homogêneo.
4. Despeje a massa em três assadeiras redondas de 15 cm de diâmetro, forradas com papel-manteiga untado, e leve ao forno preaquecido a 180 °C por aproximadamente 45 minutos.

CALDA DE CAFÉ E RUM

Leve ao fogo a água, o açúcar e o café e deixe que levante fervura. Retire do fogo e acrescente o rum. Deixe esfriar.

RECHEIO E COBERTURA DE MASCARPONE

1. Na batedeira, bata a manteiga e o extrato de baunilha com o batedor raquete até obter um creme.
2. Cozinhe as claras com o açúcar em banho-maria, batendo vigorosamente com um fouet até que atinja a temperatura de 65 °C (bem quente ao toque). Retire e transfira para a batedeira.
3. Bata com o batedor globo em velocidade média-alta até que esfrie e forme um merengue. Diminua a velocidade da batedeira e acrescente a manteiga aos poucos, batendo em velocidade baixa até que a mistura fique cremosa e homogênea. Desligue a batedeira, acrescente o queijo mascarpone e misture bem.

MONTAGEM

1. Reserve uma porção de 1/3 do recheio e cobertura para a decoração. Coloque um disco de massa no prato em que irá servir o bolo, umedeça com a calda de café e recheie com metade do creme restante. Salpique 1/3 das raspas de chocolate, coloque outra camada de massa, o recheio de mascarpone e finalize com a última camada de massa.
2. Umedeça com a calda e decore com o creme reservado e as raspas de chocolate.

Bolo de nozes, café e rum

INGREDIENTES

5 G DE CAFÉ SOLÚVEL

10 G DE EXTRATO DE BAUNILHA

180 G DE NOZES

25 G DE CACAU EM PÓ

1 PITADA DE SAL

75 G DE FARINHA DE TRIGO

8 OVOS

200 G DE AÇÚCAR

RECHEIO E COBERTURA

6 GEMAS

120 G DE AÇÚCAR

1 PITADA DE SAL

5 G DE CAFÉ SOLÚVEL

30 G DE LICOR DE CAFÉ

400 G DE MANTEIGA SEM SAL EM TEMPERATURA AMBIENTE

MONTAGEM

80 G DE RUM

120 G DE NOZES PARA DECORAR

MASSA

1. Misture o café solúvel com a baunilha e reserve.
2. Processe as nozes com o cacau, o sal e a farinha.
3. Bata as gemas com o açúcar até obter uma mistura clara, fofa e grossa. Adicione o café dissolvido na baunilha.
4. Separadamente, bata as claras em neve.
5. Misture delicadamente a farinha e as claras em neve à mistura de gemas, de forma alternada. Não bata a mistura para não perder volume.
6. Divida a massa em três fôrmas de 20 cm de diâmetro, untadas e com o fundo forrado com papel-manteiga. Asse em forno preaquecido a 180 °C por aproximadamente 45 minutos.

RECHEIO E COBERTURA

1. Misture as gemas, o açúcar e o sal e leve para cozinhar em banho-maria, mexendo constantemente com um fouet até engrossar (aproximadamente 15 minutos).
2. Retire do fogo, misture e deixe esfriar. Adicione o café solúvel ao licor de café.
3. Bata a manteiga na batedeira e acrescente a mistura de gemas já fria. Adicione o licor de café e misture.

MONTAGEM

1. Umedeça cada camada de massa com o rum e alterne com o recheio, separando 1/3 dele para a cobertura e decoração.
2. Decore o topo e a lateral com as nozes.

Bolo noisette

INGREDIENTES

320 G DE MANTEIGA SEM SAL

320 G DE FARINHA DE TRIGO

10 G DE FERMENTO EM PÓ

1 PITADA DE SAL

270 G DE AÇÚCAR

10 G DE EXTRATO DE BAUNILHA

3 GEMAS

3 OVOS

220 G DE LEITE

RECHEIO E COBERTURA

250 G DE MANTEIGA SEM SAL EM TEMPERATURA AMBIENTE

5 G DE EXTRATO DE BAUNILHA

1 FAVA DE BAUNILHA

3 CLARAS

150 G DE AÇÚCAR

50 G DE PASTA INTEGRAL DE AVELÃ

150 G DE GANACHE DE CHOCOLATE AO LEITE PARA DECORAR (VER NA P. 10)

1 RECEITA DE CALDA BÁSICA (VER NA P. 12)

MASSA

1. Em uma panela, cozinhe a manteiga em fogo baixo por aproximadamente 8 minutos. Ela vai espumar e ficar com uma cor dourada.
2. Enquanto isso, coloque água e gelo em um recipiente com capacidade suficiente para comportar a panela.
3. Retire a panela do fogo, espere parar de ferver e cuidadosamente transfira a manteiga dourada para um recipiente, descartando a parte que se depositou no fundo da panela. Leve a manteiga à geladeira e deixe-a endurecer novamente.
4. Separadamente, peneire a farinha, o fermento e o sal e reserve.
5. Na batedeira, bata a manteiga com o açúcar e o extrato de baunilha até obter um creme fofo e claro. Acrescente as gemas e os ovos, um a um, batendo sempre após cada adição. Adicione a farinha peneirada alternando com o leite e bata até que fique homogêneo.
6. Distribua a massa em duas fôrmas redondas de 20 cm de diâmetro, untadas e enfarinhadas, e asse em forno preaquecido a 180 °C.

RECHEIO E COBERTURA DE AVELÃS

1. Com o batedor raquete, bata a manteiga e o extrato de baunilha até obter um creme. Abra a fava de baunilha no sentido do comprimento e, com a ponta da faca, raspe as sementinhas acrescentando-as à manteiga. Reserve a manteiga e guarde a fava para utilizá-la eventualmente em outras receitas.
2. Cozinhe as claras com o açúcar em banho-maria batendo vigorosamente com um fouet, até que espume e atinja a temperatura de 65 °C (muito quente ao toque).
3. Transfira as claras para a batedeira e bata em velocidade média-alta com o batedor globo até que esfrie e forme um merengue. Diminua a velocidade da batedeira e acrescente a manteiga reservada aos poucos, batendo em velocidade baixa até que a mistura fique cremosa e homogênea.
4. Adicione a pasta de avelã e misture.

MONTAGEM

1. Coloque uma das massas no prato em que o bolo será servido e umedeça com um pouco de calda básica e 1/3 do recheio. Coloque a outra massa em cima, umedeça novamente e utilize o restante do creme de avelã para cobrir todo o bolo.
2. Decore espalhando a ganache no topo do bolo, com a ajuda de uma espátula.

Bolo de mel

Diferentemente dos bolos do tipo pão de mel ou dos bolos de mel e frutas, escuros, esta massa é bem leve.

O mel acrescenta um aroma suave à massa e ao recheio cremoso. Para os amantes do doce, vale regar cada camada de massa com um pouco mais de mel puro.

INGREDIENTES

400 G DE FARINHA DE TRIGO

10 G DE FERMENTO EM PÓ

1 PITADA DE SAL

200 G DE LEITE

10 G DE VINAGRE BRANCO

160 G DE MANTEIGA SEM SAL

300 G DE AÇÚCAR

10 G DE EXTRATO DE BAUNILHA

4 OVOS

140 G DE MEL

RECHEIO E COBERTURA

250 G DE CREAM CHEESE EM TEMPERATURA AMBIENTE

250 G DE MANTEIGA SEM SAL EM TEMPERATURA AMBIENTE

450 G DE AÇÚCAR IMPALPÁVEL

100 G DE MEL

10 G DE EXTRATO DE BAUNILHA

80 G DE FRUTAS VERMELHAS PARA DECORAR

200 G DE FAVOS DE MEL PARA DECORAR

MASSA

1. Misture a farinha, o fermento e o sal e reserve.
2. Junte o leite ao vinagre. Reserve.
3. Bata a manteiga com o açúcar e a baunilha até que a mistura fique cremosa e acrescente os ovos, um a um.
4. Dissolva o mel no leite reservado.
5. Acrescente a mistura de farinha à manteiga batida, alternando com o leite.
6. Não bata excessivamente, apenas o suficiente para que fique homogênea.
7. Divida a massa em duas fôrmas redondas de 20 cm de diâmetro, untadas e enfarinhadas, e leve ao forno preaquecido a 180 °C. Asse por aproximadamente 45 minutos.
8. Retire do forno, espere 10 minutos, desenforme e deixe os bolos esfriarem totalmente.

RECHEIO E COBERTURA CREMOSA DE MEL

1. Misture o cream cheese e a manteiga com uma espátula. Adicione o açúcar impalpável aos poucos e, por fim, o mel e a baunilha.
2. Refrigere por 40 minutos antes de utilizar.

MONTAGEM

1. Divida cada massa em duas porções, cortando horizontalmente. Separe 1/4 do recheio para cobertura e decoração.
2. Disponha uma camada de massa no prato em que irá servir o bolo e monte alternando camadas de massa e recheio. Cubra e decore com o mesmo creme, as frutas vermelhas e os favos de mel.

Bolo gianduia

(vegano e sem glúten)

Para esta receita, é muito importante que seja utilizada uma farinha de grão-de-bico de boa qualidade, muito fresca e com aroma suave.

INGREDIENTES

250 G DE FARINHA DE GRÃO-DE-BICO

125 G DE AMIDO DE MILHO

100 G DE ARARUTA

75 G DE CACAU EM PÓ

500 G DE AÇÚCAR

25 G DE FERMENTO EM PÓ

250 G DE ÓLEO

275 G DE PURÊ DE MAÇÃ

250 G DE CAFÉ COADO QUENTE

RECHEIO E COBERTURA

800 G DE LEITE DE ARROZ

80 G DE LEITE DE ARROZ EM PÓ

200 G DE AÇÚCAR DEMERARA

140 G DE LEITE DE COCO

40 G DE AMIDO DE MILHO

200 G DE ÁGUA

20 G DE ÁGAR-ÁGAR EM PÓ

560 G DE CHOCOLATE MEIO AMARGO SEM LEITE

150 G DE PASTA DE AVELÃ INTEGRAL

RASPAS DE CHOCOLATE PARA DECORAR

1 RECEITA DE CALDA BÁSICA (VER NA P. 12)

20 G DE AÇÚCAR IMPALPÁVEL PARA DECORAR

MASSA

1. Misture os ingredientes secos em uma tigela e reserve.
2. Em outro recipiente, junte o óleo, o purê de maçã e o café.
3. Misture tudo até ficar homogêneo.
4. Leve para assar em forno preaquecido em 180 °C em duas fôrmas redondas de aproximadamente 20 cm de diâmetro, untadas e enfarinhadas.

RECHEIO

1. Misture os ingredientes, exceto a pasta de avelã e o chocolate, e leve ao fogo. Após ferver, cozinhe em fogo baixo por 10 minutos.
2. Retire do fogo, mexa para que esfrie um pouco e despeje em um recipiente para que esfrie totalmente. Leve à geladeira por 2 horas, até que esteja frio e firme, como uma gelatina.
3. Corte em pedaços e coloque no processador de alimentos. Bata em potência máxima por aproximadamente 5 minutos, fazendo intervalos até obter um creme.
4. Derreta o chocolate em banho-maria e adicione ao creme, e em seguida a pasta de avelã. Bata novamente para que os ingredientes se misturem e tudo fique bem homogêneo.

MONTAGEM

1. Corte cada massa ao meio na horizontal.
2. Monte o bolo com o auxílio de um aro de 20 cm de diâmetro, alternando camadas de massa (umedecidas com calda básica) e recheio de gianduia. Reserve uma porção de recheio para cobrir o bolo.
3. Leve o bolo à geladeira por 3 horas.
4. Retire do aro, coloque uma pequena porção do creme no topo e nas laterais, decore com raspas de chocolate e polvilhe açúcar impalpável.

Bolo de baunilha com ganache de chocolate ao leite

INGREDIENTES

360 G DE FARINHA DE TRIGO

15 G DE FERMENTO EM PÓ

220 G DE MANTEIGA SEM SAL EM TEMPERATURA AMBIENTE

5 G DE EXTRATO DE BAUNILHA

400 G DE AÇÚCAR

4 OVOS

200 G DE LEITE

RECHEIO E DECORAÇÃO

400 G DE CREME DE LEITE

800 G DE CHOCOLATE AO LEITE PICADO

100 G DE CONFEITOS DE CHOCOLATE AO LEITE

1 RECEITA DE CALDA BÁSICA (VER NA P. 12)

MASSA

1. Peneire a farinha com o fermento e reserve. Bata a manteiga com a baunilha e o açúcar até obter um creme. Acrescente os ovos, um a um.
2. Adicione a farinha peneirada alternando com o leite.
3. Despeje a massa em duas fôrmas redondas de 20 cm de diâmetro, untadas e enfarinhadas.
4. Leve ao forno preaquecido a 180 °C e asse até que, espetando um palito no centro, ele saia seco.
5. Deixe esfriar por 10 minutos e desenforme. Espere até que estejam totalmente frias e corte cada massa ao meio, no sentido horizontal, obtendo assim 4 camadas de bolo.

RECHEIO E DECORAÇÃO

1. Aqueça o creme de leite até quase ferver.
2. Despeje sobre o chocolate ao leite, deixe descansar 1 minuto e mexa com a ajuda de um fouet. Caso reste algum pedacinho de chocolate sem derreter, aqueça ligeiramente em banho-maria.

MONTAGEM

1. Com a ajuda de um aro de 20 cm de diâmetro e 10 cm de altura, alterne camadas de massa e recheio. Caso deseje, umedeça as camadas de massa com calda básica.
2. Deixe na geladeira até que a ganache fique firme.
3. Decore com a ganache restante e cole os confeitos na lateral do bolo.

Bolo de chocolate com ganache de chocolate meio amargo

INGREDIENTES

200 G DE CREME DE LEITE

10 G DE VINAGRE BRANCO

380 G DE FARINHA DE TRIGO

100 G DE CHOCOLATE EM PÓ

10 G DE FERMENTO EM PÓ

5 G DE BICARBONATO DE SÓDIO

200 G DE MANTEIGA SEM SAL EM TEMPERATURA AMBIENTE

400 G DE AÇÚCAR

2 OVOS

100 G DE CAFÉ COADO E FRIO

RECHEIO E DECORAÇÃO

500 G DE CREME DE LEITE

600 G DE CHOCOLATE MEIO AMARGO EM PEDAÇOS

1 RECEITA DE GANACHE DE CHOCOLATE AO LEITE

MASSA

1. Misture o creme de leite e o vinagre e reserve.
2. Peneire a farinha com o chocolate em pó, o fermento e o bicarbonato. Reserve.
3. Bata a manteiga com o açúcar até que fique cremoso e adicione os ovos, um a um. Acrescente o creme de leite com o vinagre, misture e adicione a farinha peneirada. Bata até que fique homogêneo. Finalize adicionando o café e batendo até misturar.
4. Coloque a massa em duas fôrmas redondas de 20 cm de diâmetro, untadas e enfarinhadas, e leve ao forno preaquecido a 180 °C por aproximadamente 45 minutos.

RECHEIO E DECORAÇÃO

1. Aqueça o creme de leite até quase ferver e despeje sobre o chocolate picado.
2. Aguarde 1 minuto e, com a ajuda de um fouet, mexa até ficar homogêneo. Caso reste algum pedacinho de chocolate, aqueça a mistura em banho-maria.

MONTAGEM

1. Corte cada massa ao meio no sentido horizontal.
2. Utilize um aro de 20 cm de diâmetro para montar o bolo, alternando camadas de massa e recheio.
3. Deixe na geladeira por 5 horas.
4. Retire da geladeira e do aro e faça a decoração.
5. Finalize decorando as bordas do bolo com a ganache de chocolate ao leite.

Bolo de damasco

INGREDIENTES

360 G DE FARINHA DE TRIGO

15 G DE FERMENTO EM PÓ

20 G DE MANTEIGA SEM SAL
EM TEMPERATURA AMBIENTE

400 G DE AÇÚCAR

4 OVOS

200 G DE LEITE

RECHEIO

200 G DE DAMASCO TURCO

200 G DE DAMASCO AMERICANO (AZEDO)

100 G DE ÁGUA

790 G DE LEITE CONDENSADO

40 G DE CREME DE LEITE

3 GEMAS

20 G DE MANTEIGA SEM SAL

1 RECEITA DE CALDA BÁSICA (VER NA P. 12)

1 RECEITA DE BUTTERCREAM (VER NA P. 8)

MASSA

1. Peneire a farinha com o fermento e reserve.
2. Bata a manteiga com o açúcar até obter um creme. Acrescente os ovos, um a um.
3. Adicione a farinha peneirada alternando com o leite.
4. Despeje a massa em duas fôrmas redondas de 20 cm de diâmetro, untadas e enfarinhadas.
5. Leve ao forno preaquecido a 180 °C e asse até que, espetando um palito no centro, ele saia seco.
6. Deixe esfriar por 10 minutos e desenforme. Espere esfriar totalmente e corte cada massa ao meio, no sentido horizontal, obtendo assim 4 camadas de bolo.

RECHEIO

1. Pique os dois tipos de damasco em pedaços pequenos e leve-os ao fogo com a água, cozinhando até que fiquem bem macios e a mistura se pareça com uma geleia bem consistente. Reserve e deixe esfriar.
2. Separadamente, leve ao fogo os demais ingredientes e cozinhe em fogo baixo, mexendo constantemente até que a mistura se desprenda do fundo e dos lados da panela.
3. Retire do fogo, misture a geleia de damasco e deixe que esfrie.

MONTAGEM

1. Monte o bolo com a ajuda de um aro de 20 cm de diâmetro e 10 cm de altura, alternando camadas de massa e recheio. Umedeça a massa com calda básica.
2. Deixe na geladeira por 4 horas.
3. Decore a lateral e o topo do bolo com o buttercream.

Bolo de baunilha com recheio de coco e pecãs

(sem glúten e sem açúcar refinado)

INGREDIENTES

45 G DE ÓLEO DE GIRASSOL

5 G DE EXTRATO DE BAUNILHA

2 OVOS

150 G DE NÉCTAR DE AGAVE

250 G DE FARINHA DE AMÊNDOAS

5 G DE BICARBONATO DE SÓDIO

RECHEIO

200 G DE LEITE DE COCO

300 G DE NÉCTAR DE AGAVE

100 G DE ÓLEO DE COCO

4 GEMAS

200 G DE COCO RALADO

140 G DE NOZES-PECÃS EM PEDAÇOS

MASSA

1. Bata o óleo, a baunilha, os ovos e o néctar de agave com a ajuda de um fouet. Acrescente a farinha de amêndoas e o bicarbonato e misture.
2. Despeje a massa em três fôrmas redondas de 15 cm de diâmetro, untadas e com o fundo forrado com papel-manteiga. Leve ao forno preaquecido a 180 °C e asse por aproximadamente 35 minutos.

RECHEIO

Leve ao fogo o leite de coco, o néctar de agave, o óleo de coco e as gemas, mexendo até que ferva e fique consistente. Retire do fogo, acrescente o coco ralado e as pecãs e misture bem. Deixe que esfrie um pouco. Utilize ainda morno.

MONTAGEM

Coloque uma camada de massa no prato em que irá servir o bolo. Espalhe 1/3 do recheio, complete com mais uma camada de massa e repita o processo. Finalize com o recheio e decore com as pecãs.

Bolo de tâmaras com cobertura de baunilha

INGREDIENTES

180 G DE TÂMARAS SEM CAROÇO

250 G DE ÁGUA FERVENTE

150 G DE MANTEIGA SEM SAL

3 OVOS

280 G DE AÇÚCAR MASCAVO

200 G DE FARINHA

5 G DE FERMENTO EM PÓ

5 G DE BICARBONATO DE SÓDIO

35 G DE CACAU EM PÓ

RECHEIO E COBERTURA

200 G DE MANTEIGA SEM SAL EM TEMPERATURA AMBIENTE

300 G DE CREAM CHEESE EM TEMPERATURA AMBIENTE

400 G DE AÇÚCAR IMPALPÁVEL

5 G DE EXTRATO DE BAUNILHA

MASSA

1. Pique as tâmaras. Cubra-as com água fervente e deixe descansar até que estejam macias. Transfira para o processador, acrescente a manteiga e bata até obter um creme.
2. Passe o creme de tâmaras para uma tigela, acrescente os ovos, o açúcar e bata. Adicione a farinha peneirada com o fermento, o bicarbonato e o cacau.
3. Asse o bolo em forno preaquecido a 180 °C, em duas fôrmas redondas de 20 cm de diâmetro forradas com papel-manteiga.

RECHEIO E COBERTURA DE BAUNILHA E CREAM CHEESE

Bata a manteiga com o cream cheese e acrescente o açúcar aos poucos. Adicione a baunilha.

MONTAGEM

1. Coloque um dos bolos de tâmara no prato em que será servido.
2. Passe uma camada do creme de baunilha, coloque o outro bolo e cubra o topo e a lateral com o restante.

Bolo trufado de chocolate branco

INGREDIENTES

100 G DE CHOCOLATE MEIO AMARGO PICADO

280 G DE FARINHA DE TRIGO

20 G DE CACAU EM PÓ

5 G DE FERMENTO EM PÓ

5 G DE BICARBONATO DE SÓDIO

350 G DE AÇÚCAR

180 G DE MANTEIGA

2 OVOS

220 G DE LEITE

RECHEIO E COBERTURA

600 G DE CREME DE LEITE

50 G DE MANTEIGA SEM SAL

500 G DE CHOCOLATE BRANCO PICADO

5 G DE EXTRATO DE BAUNILHA

RASPAS DE CHOCOLATE BRANCO PARA DECORAR

MASSA

1. Derreta o chocolate em banho-maria e reserve.
2. Peneire a farinha, o cacau, o fermento e o bicarbonato. Reserve.
3. Bata o açúcar e a manteiga até obter um creme. Junte os ovos, um a um, e o chocolate derretido. Acrescente a farinha peneirada, alternando com o leite.
4. Divida a massa em duas fôrmas redondas de 20 cm de diâmetro e asse em forno preaquecido a 180 °C até que, espetando um palito, ele saia seco.

RECHEIO E COBERTURA TRUFADA DE CHOCOLATE BRANCO

1. Prepare uma ganache de chocolate branco: leve ao fogo 200 g de creme de leite, 50 g de manteiga e aqueça até quase ferver. Despeje sobre o chocolate branco picado e mexa até obter um creme liso e homogêneo.
2. Pese 300 g do creme de chocolate e guarde na geladeira. Reserve o creme restante em temperatura ambiente, para o preparo de uma mousse.
3. Bata o creme de leite restante em chantili e misture ao creme de chocolate que ficou reservado em temperatura ambiente. Coloque a mousse na geladeira.

MONTAGEM

1. Utilize um aro de 20 cm de diâmetro na montagem. Coloque uma camada de massa e o creme de chocolate branco reservado na geladeira. Complete com mais uma camada de massa.
2. Leve à geladeira por 2 horas.
3. Retire do aro e cubra com a mousse de chocolate branco.
4. Decore com raspas de chocolate branco.

Bolo de baunilha com doce de leite e ameixa

INGREDIENTES MASSA

380 G DE FARINHA DE TRIGO

10 G DE FERMENTO EM PÓ

220 G DE MANTEIGA EM TEMPERATURA AMBIENTE

5 G DE EXTRATO DE BAUNILHA

400 G DE AÇÚCAR

4 OVOS

200 G DE LEITE INTEGRAL

RECHEIO

200 G DE AMEIXA SECA SEM CAROÇO

50 G DE ÁGUA

10 G DE AÇÚCAR

400 G DE DOCE DE LEITE

2 GEMAS

100 G DE CREME DE LEITE FRESCO

COBERTURA

500 G DE DOCE DE LEITE PASTOSO

1 RECEITA DE CALDA BÁSICA (VER NA P. 12)

MASSA

1. Peneire a farinha com o fermento e reserve.
2. Bata a manteiga, a baunilha e o açúcar até obter um creme. Acrescente os ovos, um a um.
3. Adicione a farinha alternando com o leite e bata para que fique tudo homogêneo.
4. Transfira a massa para três fôrmas redondas de 20 cm de diâmetro, untadas e enfarinhadas, e leve ao forno preaquecido a 180 °C até que, espetando um palito, ele saia seco.
5. Deixe esfriar por 10 minutos, desenforme e espere esfriar totalmente.

RECHEIO

1. Misture as ameixas picadas com a água e o açúcar e leve ao fogo para hidratar.
2. Deixe cozinhar até que a água seque. Reserve.
3. Misture o doce de leite com as gemas e o creme de leite fresco e leve ao fogo baixo. Espere ferver e cozinhe por 10 minutos, para que fique consistente.
4. Misture as ameixas e retire do fogo. Deixe esfriar.

MONTAGEM

1. Alterne camadas de massa e recheio de doce de leite e ameixa, umedecendo a massa com calda básica.
2. Deixe o bolo na geladeira por 2 horas.
3. Cubra o bolo com o doce de leite pastoso e decore com bico pitanga 5B com a ajuda de uma colher de confeitar.

Bolo da Rainha Vitória

(Victoria Sponge Cake)

Clássico para o chá das cinco, este bolo é recheado com geleia e *clotted cream*, que não encontramos no Brasil. Minha sugestão é substituir por um creme com sabor e consistência que lembram o original inglês.

INGREDIENTES

200 G DE MANTEIGA SEM SAL EM TEMPERATURA AMBIENTE

200 G DE FARINHA DE TRIGO

200 G DE AÇÚCAR

4 OVOS

5 G DE FERMENTO EM PÓ

30 G DE LEITE

RECHEIO

80 G DE CREAM CHEESE

80 G DE CREME DE LEITE FRESCO

20 G DE AÇÚCAR

150 G DE GELEIA DE MORANGO COMPRADA PRONTA

50 G DE AÇÚCAR IMPALPÁVEL PARA DECORAR

MASSA

1. Misture todos os ingredientes e bata com um batedor manual até obter uma massa homogênea.
2. Divida a massa em duas fôrmas redondas de 20 cm de diâmetro, untadas e enfarinhadas, e leve ao forno preaquecido a 180 °C até que, espetando um palito, ele saia seco.
3. Retire do forno, deixe esfriar por 10 minutos, desenforme e espere esfriar totalmente.

RECHEIO

Bata o cream cheese com o creme de leite e o açúcar até que tudo fique homogêneo.

MONTAGEM

1. Coloque um dos bolos no prato em que irá servir e espalhe geleia.
2. Passe o creme de cream cheese e creme de leite por cima e cubra com o outro bolo.
3. Decore polvilhando acúcar impalpável com a ajuda de uma peneira.

Bolo de champanhe

INGREDIENTES

200 G DE CREME DE LEITE

10 G DE VINAGRE

500 G DE FARINHA DE TRIGO

1 PITADA DE SAL

5 G DE FERMENTO EM PÓ

5 G DE BICARBONATO DE SÓDIO

220 G DE MANTEIGA SEM SAL
EM TEMPERATURA AMBIENTE

450 G DE AÇÚCAR

3 OVOS

200 G DE CHAMPANHE

RECHEIO

1 RECEITA DE BUTTERCREAM
DE BAUNILHA (VER NA P. 8)

100 G DE CHAMPANHE

DECORAÇÃO

250 G DE CONFEITOS COLORIDOS VARIADOS

MASSA

1. Misture o creme de leite ao vinagre e reserve.
2. Peneire a farinha com o sal, o fermento e o bicarbonato. Reserve.
3. Bata a manteiga com o açúcar até que fique bem fofo e claro. Acrescente os ovos, um a um, batendo bem após cada adição.
4. Acrescente o creme de leite reservado, misture bem e acrescente a farinha, alternando com o champanhe. Não bata a mistura excessivamente.
5. Divida a massa em três fôrmas redondas de 20 cm de diâmetro, untadas e enfarinhadas. Leve ao forno preaquecido a 180 °C e asse até que, espetando um palito no centro, ele saia seco.
6. Retire do forno, deixe esfriar 10 minutos, desenforme e deixe esfriar totalmente.

MONTAGEM

1. Monte o bolo com a ajuda de um aro redondo de 20 cm de diâmetro e 10 cm de altura.
2. Corte cada camada de bolo ao meio, horizontalmente, até obter 6 camadas de massa.
3. Reserve uma parte do buttercream para a cobertura, com o creme restante monte o bolo, fazendo camadas bem finas de recheio. Umedeça cada camada de massa com um pouco do champanhe.
4. Cubra todo o bolo com o buttercream reservado e decore com os confeitos coloridos.
5. Transfira o bolo para uma fôrma redonda de aproximadamente 30 cm de diâmetro – assim é mais fácil reaproveitar os confeitos que caírem.
6. Coloque pequenas porções de confeito na palma da mão e cole-os na lateral do bolo, trabalhando cada segmento por vez. Finalize salpicando confeitos no topo.
7. Reserve o bolo na geladeira por 2 horas antes de servir.

Bolo Red Velvet

O bolo Red Velvet é uma receita americana do século XIX derivada de um bolo de chocolate feito com cacau alcalino, que, por conta disso, tinha um suave tom avermelhado. Hoje, no entanto, é um bolo definitivamente vermelho. Para obter sua cor característica, usamos um pouco de corante alimentício. Recomendo usar o em pó, pois os corantes líquidos ou em gel podem emprestar um gosto amargo ao bolo.

Pode ser difícil pesar 2 g de corante, dependendo da balança disponível. Nesse caso, meça 1/2 colher de chá (de medida e nivelada), quantidade para uso do corante puro.

INGREDIENTES

- 200 G DE LEITE
- 5 G DE VINAGRE
- 350 G DE FARINHA DE TRIGO
- 20 G DE CACAU EM PÓ
- 1 PITADA DE SAL
- 10 G DE FERMENTO EM PÓ
- 5 G DE BICARBONATO DE SÓDIO
- 100 G DE MANTEIGA SEM SAL
- 5 G DE EXTRATO DE BAUNILHA
- 300 G DE AÇÚCAR
- 50 G DE ÓLEO VEGETAL
- 3 OVOS
- 2 G DE CORANTE VERMELHO EM PÓ

RECHEIO E COBERTURA

- 300 G DE CREAM CHEESE EM TEMPERATURA AMBIENTE
- 200 G DE MANTEIGA SEM SAL EM TEMPERATURA AMBIENTE
- 5 G DE EXTRATO DE BAUNILHA
- 400 G DE AÇÚCAR IMPALPÁVEL

MASSA

1. Misture o leite ao vinagre e reserve.
2. Peneire a farinha, o cacau, o sal, o fermento e o bicarbonato. Reserve.
3. Bata a manteiga, a baunilha, o açúcar e o óleo até obter uma mistura fofa e clara. Acrescente os ovos, um a um, batendo após cada adição.
4. Adicione o corante ao leite e acrescente à mistura de manteiga e ovos, alternando com a farinha.
5. Divida a massa em duas fôrmas redondas de 20 cm de diâmetro, untadas e enfarinhadas, e leve ao forno preaquecido a 180 °C, até que, espetando um palito, ele saia seco.

RECHEIO E COBERTURA

Bata todos os ingredientes na batedeira até obter um creme homogêneo.

MONTAGEM

1. Retire uma fina camada do topo de um dos bolos e esfarele-a.
2. Reserve para decoração. Corte cada um dos bolos ao meio na horizontal.
3. Utilize um aro na montagem: alterne camadas de massa e recheio, reservando 1/4 do creme para a cobertura.
4. Decore com os farelos de bolo.

Bolo de pistache, laranja e cardamomo

INGREDIENTES

100 G DE FARINHA DE PISTACHE

280 G DE FARINHA DE TRIGO

1 PITADA DE SAL

1 PITADA DE CARDAMOMO

5 G DE FERMENTO EM PÓ

200 G DE MANTEIGA SEM SAL

300 G DE AÇÚCAR

RASPAS DA CASCA DE UMA LARANJA

3 OVOS

200 G DE LEITE

RECHEIO E COBERTURA

1 RECEITA DE BUTTERCREAM DE PISTACHE (VER NA P. 9)

MASSA

1. Peneire as farinhas, o sal, o cardamomo e o fermento.
2. Bata a manteiga com o açúcar e as raspas de laranja até obter um creme. Acrescente os ovos, um a um. Adicione a mistura de farinhas alternando com o leite e bata apenas até ficar homogêneo.
3. Despeje a massa em duas fôrmas redondas de 20 cm de diâmetro, untadas e enfarinhadas, e leve ao forno preaquecido a 180 °C até que, espetando um palito, ele saia seco.
4. Prepare o recheio.

MONTAGEM

1. Monte o bolo com a ajuda de um aro e reserve metade do buttercream para a cobertura.
2. Coloque um dos bolos no prato em que irá servir, espalhe o buttercream, cubra com o outro bolo e passe uma fina camada de buttercream de pistache na lateral.
3. Deixe na geladeira por 2 horas.
4. Cubra com o creme restante e decore com manga de confeitar com bico pitanga largo.

Bolo cappuccino

INGREDIENTES

160 G DE FARINHA DE TRIGO

10 G DE FERMENTO EM PÓ

6 OVOS

200 G DE AÇÚCAR

180 G DE CAFÉ EXPRESSO

5 G DE EXTRATO DE BAUNILHA

CHANTILI DE CAFÉ

50 G DE PÓ PARA O PREPARO DE CAPPUCCINO

25 G DE CAFÉ EXPRESSO FRIO

600 G DE CREME DE LEITE FRESCO GELADO

60 G DE AÇÚCAR

10 G DE EXTRATO DE BAUNILHA

RASPAS DE CHOCOLATE PARA DECORAR

150 G DE CREME DE CHANTILI
PRONTO PARA DECORAR

MASSA

1. Peneire a farinha com o fermento e reserve.
2. Bata as gemas com o açúcar até ficarem bem fofas e claras e, então, acrescente o café e a baunilha.
3. Mexa e, delicadamente, acrescente a farinha peneirada com o fermento.
4. Bata as claras em neve a adicione à mistura.
5. Leve ao forno preaquecido a 180 °C em três fôrmas redondas de 20 cm de diâmetro, untadas e enfarinhadas, por aproximadamente 40 minutos.

CHANTILI DE CAFÉ

1. Misture o pó para cappuccino com o café expresso frio. Reserve.
2. Bata o creme de leite na batedeira até começar a ficar cremoso. Acrescente o açúcar, a mistura de cafés e a baunilha e bata até ficar firme.

MONTAGEM

1. Coloque uma camada de massa no prato em que irá servir e acrescente 1/3 do chantili. Complete com mais uma camada de massa e repita o processo. Cubra o topo e as laterais com o chantili de café e decore com o chantili simples utilizando o bico de confeitar, finalize com as raspas de chocolate.
2. Deixe na geladeira por 1 hora e sirva.

Bolo mosaico de frutas

Este bolo é tão rico em frutas que suas fatias são um verdadeiro mosaico de pedacinhos crocantes e coloridos.

INGREDIENTES

450 G DE CASTANHAS-DO-PARÁ

280 G DE TÂMARAS INTEIRAS SEM CAROÇO

120 G DE CEREJAS AO MARRASQUINO, PESADAS DEPOIS DE BEM ESCORRIDAS.

120 G DE FARINHA DE TRIGO

5 G DE FERMENTO EM PÓ

4 OVOS

150 G DE AÇÚCAR

10 G DE EXTRATO DE BAUNILHA

MASSA

1. Unte e forre com papel-manteiga uma fôrma de bolo inglês de aproximadamente 24 cm x 12 cm.
2. Misture as frutas em uma tigela, acrescente a farinha e o fermento e mexa bem.
3. Bata os ovos com o açúcar e a baunilha até espumar e despeje nas frutas. Misture bem. Coloque na fôrma forrada e leve ao forno preaquecido a 160 °C por aproximadamente 2 horas.
4. Espere esfriar por 15 minutos, desenforme e retire o papel.

BOLOS *com mais de um tipo de recheio*

OU RECHEIO E
COBERTURAS DIFERENTES

Naked Cake casadinho

INGREDIENTES

540 G DE FARINHA DE TRIGO

20 G DE FERMENTO EM PÓ

300 G DE MANTEIGA EM TEMPERATURA AMBIENTE

600 G DE AÇÚCAR

10 G DE EXTRATO DE BAUNILHA

4 OVOS

300 G DE LEITE INTEGRAL

BRIGADEIRO TRADICIONAL

790 G DE LEITE CONDENSADO

40 G DE MANTEIGA

300 G DE CHOCOLATE MEIO AMARGO

50 G DE CREME DE LEITE FRESCO

BRIGADEIRO BRANCO

790 G DE LEITE CONDENSADO

40 G DE MANTEIGA

4 GEMAS

50 G DE CREME DE LEITE FRESCO

MONTAGEM

1 RECEITA DE CALDA BÁSICA (VER NA P. 12)

200 G DE BUTTERCREAM DE BAUNILHA PARA DECORAR

MASSA

1. Peneire a farinha com o fermento e reserve.
2. Bata a manteiga com o açúcar e a baunilha até que fique bem fofa e clara. Adicione os ovos, um a um, batendo após cada adição. Acrescente a farinha, alternando com o leite, em três adições. Bata apenas até a massa ficar homogênea.
3. Distribua a massa em três fôrmas redondas de 20 cm de diâmetro, untadas e enfarinhadas, e leve ao forno a 180 °C até que, espetando um palito, ele saia seco.

BRIGADEIRO TRADICIONAL

1. Leve os ingredientes ao fogo e cozinhe em fogo baixo, mexendo sempre, até que o conteúdo se desprenda dos fundos e lados da panela.
2. Despeje em um recipiente untada com manteiga e deixe que esfrie.

BRIGADEIRO BRANCO

1. Leve todos os ingredientes ao fogo baixo, mexendo até que o conteúdo se desprenda dos fundos e lados da panela.
2. Despeje em um recipiente untado com manteiga e deixe que esfrie.

MONTAGEM

1. Corte cada uma das massas no meio, no sentido horizontal, obtendo assim 6 camadas de massa.
2. Reserve 1/5 de cada recheio para a decoração e a cobertura do bolo.
3. Monte alternando massa, calda básica, brigadeiro tradicional e brigadeiro branco.
4. Decore. Faça o acabamento com a cobertura nas laterais e topo com o buttercream de baunilha, e, por fim, os brigadeiros no topo. Para facilitar o trabalho, utilize um saco de confeitar e um bico perlê (liso) grande, como por exemplo o C10.

Naked Cake Martha Rocha

Receita clássica, foi criada no sul do país em homenagem à ex-miss Brasil Martha Rocha, que quase foi eleita Miss Universo.

Há algumas variações nas receitas, mas todas têm em comum a fartura de recheio e a massa de chocolate, baunilha, nozes, fios de ovos e uma camada de suspiro. Minha sugestão aqui é substituir o disco de merengue por muitos suspirinhos, que vão surpreender em meio ao doce de ovos.

INGREDIENTES

8 OVOS

200 G DE AÇÚCAR

160 G DE FARINHA DE TRIGO

15 G DE CACAU EM PÓ

RECHEIO

200 G DE AÇÚCAR

6 GEMAS PENEIRADAS

25 G DE AMIDO DE MILHO

200 G DE LEITE DE COCO

20 G DE MANTEIGA SEM SAL

CHANTILI

500 G DE CREME DE LEITE FRESCO

40 G DE AÇÚCAR REFINADO

CROCANTE DE NOZES

80 G DE AÇÚCAR

120 G DE NOZES EM PEDAÇOS

MONTAGEM

200 G DE SUSPIROS

150 G DE FIOS DE OVOS

1 RECEITA DE CALDA BÁSICA (VER NA P. 12)

MASSA

1. Bata os ovos com o açúcar por 10 minutos, até a mistura ficar muito fofa e clara. Desligue a batedeira e acrescente a farinha de trigo em movimentos suaves, de baixo para cima, com a ajuda de uma espátula.
2. Divida a massa em três porções e acrescente o cacau a uma delas.
3. Leve ao forno em três assadeiras de 20 cm de diâmetro, todas com o fundo forrado com papel-manteiga.
4. Asse por aproximadamente 20 minutos.
5. Retire do forno, deixe que esfrie por 10 minutos, desenforme e espere esfriar completamente.

RECHEIO DE GEMAS

Misture todos os ingredientes e leve ao fogo em banho-maria, mexendo constantemente até engrossar.

CHANTILI

1. Para que o chantili fique perfeito, é muito importante que o creme de leite fresco esteja bem gelado. Em dias quentes, o recomendável é deixá-lo por 1 hora no congelador antes de ser batido.
2. Coloque-o na batedeira e bata com o batedor de arame até que comece a espumar. Acrescente o açúcar refinado e bata até que fique firme.

CROCANTE DE NOZES

Em uma panela, leve o açúcar ao fogo e derreta até formar um caramelo. Retire do fogo, junte as nozes em pedaços, mexa rapidamente e despeje em um tapete de silicone. Espere esfriar e quebre em pedacinhos.

MONTAGEM

1. Em um aro redondo de 20 cm de altura e 10 cm de diâmetro, forrado com uma tira de acetato, monte o bolo: coloque uma camada de massa branca, metade do chantili e do crocante de nozes. Cubra com a camada de massa à qual foi acrescentado o cacau e, em seguida, coloque o doce de ovos.
2. Arranje os suspiros em cima do doce de ovos e finalize com a ultima camada de massa branca. Se desejar, durante a montagem, umedeça levemente cada camada de massa com um pouco da calda básica (ver na p. 12).
3. Leve à geladeira por 5 horas para que fique firme, e desenforme.
4. Para decorar, cubra o topo com o chantili restante, espalhe o crocante de nozes e decore com fios de ovos.

Bolo gelado de coco com laranja

INGREDIENTES

280 G DE FARINHA DE TRIGO

10 G DE FERMENTO EM PÓ

5 OVOS

300 G DE AÇÚCAR

100 G DE MANTEIGA SEM SAL
EM TEMPERATURA AMBIENTE

50 G DE COCO RALADO

200 G DE SUCO DE LARANJA-PERA

RECHEIO DE COCO

100 G DE COCO FRESCO RALADO

395 G DE LEITE CONDENSADO

100 G DE CREME DE LEITE FRESCO

1 GEMA

RECHEIO DE BABA DE MOÇA

6 GEMAS PENEIRADAS

200 G DE LEITE DE COCO

100 G DE AÇÚCAR

15 G DE AMIDO DE MILHO

25 G DE MANTEIGA SEM SAL
EM TEMPERATURA AMBIENTE

COBERTURA

400 G DE CREME DE LEITE FRESCO BEM GELADO

35 G DE AÇÚCAR

COCO RALADO PARA DECORAR

MASSA

1. Peneire a farinha com o fermento e reserve.
2. Bata as gemas com o açúcar e a manteiga até obter uma mistura bem fofa e clara. Acrescente a farinha peneirada, o coco ralado, alternando com o suco de laranja e, por fim, adicione as claras batidas em neve.
3. Leve ao forno preaquecido a 180 °C em duas fôrmas redondas de 20 cm de diâmetro, untadas e enfarinhadas, até que, espetando um palito, ele saia seco.

RECHEIO DE COCO

Leve todos os ingredientes ao fogo e deixe até que a mistura comece a desgrudar dos fundos e lados da panela e fique cremosa.

RECHEIO DE BABA DE MOÇA

Junte todos os ingredientes e leve ao fogo até que a mistura engrosse.

COBERTURA

Bata o creme de leite na batedeira até começar a ficar cremoso, adicione o açúcar e bata até o ponto de chantili.

MONTAGEM

1. Corte cada massa no meio no sentido horizontal. Monte o bolo fazendo 2 camadas de recheio de baba de moça e uma de recheio de coco.
2. Finalize com uma camada de massa. Cubra com o chantili e salpique com coco ralado.

Bolo de maçã e caramelo

INGREDIENTES

380 G DE FARINHA DE TRIGO

10 G DE FERMENTO EM PÓ

5 G DE BICARBONATO DE SÓDIO

10 G DE CANELA EM PÓ

4 OVOS

400 G DE AÇÚCAR

160 G DE ÓLEO DE GIRASSOL OU DE MILHO

120 G DE PURÊ DE MAÇÃ

200 G DE MAÇÃ EM CUBINHOS (APROXIMADAMENTE 3 MAÇÃS PEQUENAS DAS VARIEDADES GALA, RED OU FUJI)

RECHEIO

330 G DE MANTEIGA SEM SAL EM TEMPERATURA AMBIENTE

1 FAVA DE BAUNILHA

10 G DE EXTRATO DE BAUNILHA

4 CLARAS

200 G DE AÇÚCAR

CARAMELO DE MAÇÃ

70 G DE SUCO INTEGRAL DE MAÇÃ

100 G DE AÇÚCAR MASCAVO

20 G DE MANTEIGA SEM SAL

MASSA

1. Peneire a farinha com o fermento, o bicarbonato e a canela. Reserve.
2. Bata os ovos, o açúcar e o óleo por 5 minutos. Acrescente a mistura de farinha, alternando com o purê de maçã. Por fim, adicione a maçã em cubos.
3. Divida a massa em três fôrmas redondas de 20 cm de diâmetro, untadas e enfarinhadas, e leve ao forno preaquecido a 180 °C por aproximadamente 40 minutos.

RECHEIO DE BUTTERCREAM DE BAUNILHA

1. Na batedeira, bata a manteiga e o extrato de baunilha com o batedor raquete até que fique cremosa. Abra a fava de baunilha no sentido do comprimento e, com a ponta da faca, raspe as sementinhas acrescentando-as à manteiga. Guarde a fava para utilizá-la em outras receitas. Reserve esse preparo.
2. Cozinhe as claras com o açúcar em banho-maria, batendo vigorosamente com um fouet até que espume e atinja a temperatura de 65 °C (bem quente ao toque).
3. Bata com o batedor globo em velocidade média-alta até que esfrie e forme um merengue. Diminua a velocidade da batedeira e acrescente a manteiga aos poucos, batendo em velocidade baixa até que a mistura fique cremosa e homogênea.

CARAMELO DE MAÇÃ

Leve o suco de maçã e o açúcar mascavo ao fogo e deixe cozinhar, sem mexer, até atingir 115 °C. Acrescente a manteiga. Desligue e espere esfriar um pouco.

MONTAGEM

Coloque uma das massas no prato em que será servido o bolo. Cubra-a com 1/3 do buttercream de baunilha, complete com mais uma camada de massa e mais 1/3 desse recheio. Finalize com a ultima massa e espalhe o restante do buttercream pelo topo e lateral. Despeje o caramelo de maçã já frio em fios, dando efeito mesclado.

Bolo de limão e gengibre

INGREDIENTES

380 G DE FARINHA DE TRIGO

10 G DE FERMENTO EM PÓ

220 G DE MANTEIGA SEM SAL EM TEMPERATURA AMBIENTE

RASPAS DE 1 LIMÃO-TAHITI

400 G DE AÇÚCAR

1 PITADA DE SAL

4 OVOS

200 G DE LEITE INTEGRAL

RECHEIO

4 OVOS

3 GEMAS

80 G DE SUCO DE LIMÃO-TAHITI

CASCAS RALADAS DE 2 LIMÕES

5 G DE GENGIBRE FRESCO, RALADO NA PARTE MAIS FINA DO RALADOR

1 PITADA DE SAL

120 G DE AÇÚCAR

100 G DE MANTEIGA SEM SAL EM TEMPERATURA AMBIENTE

1 RECEITA DE CALDA BÁSICA (VER NA P. 12)

COBERTURA

300 G DE AÇÚCAR

3 CLARAS

70 G DE ÁGUA

10 G DE GLUCOSE DE MILHO

MASSA

1. Peneire a farinha com o fermento e reserve. Bata a manteiga, as raspas de limão, o açúcar e o sal até obter um creme. Junte os ovos, um a um. Acrescente a farinha peneirada alternando com o leite.
2. Despeje a massa em três fôrmas redondas de 20 cm de diâmetro, untadas e enfarinhadas, e leve ao forno preaquecido a 180 °C até que, espetando um palito, ele saia seco.
3. Deixe esfriar por 10 minutos, desenforme e espere esfriar completamente para rechear e decorar.

RECHEIO

1. Misture os ovos, as gemas, o suco de limão, as cascas de limão, o gengibre, o sal e o açúcar, e leve ao fogo em banho-maria. Cozinhe por aproximadamente 12 minutos, até que a mistura engrosse e vire um creme.
2. Retire do fogo, acrescente a manteiga e misture o creme até que o recheio fique homogêneo. Passe por uma peneira e deixe esfriar, coberto com um filme plástico aderido à superfície.

COBERTURA DE MARSHMALLOW

Misture os ingredientes e leve ao fogo em banho-maria, mexendo com um fouet até que fique bem quente ao toque. Retire do fogo e coloque na batedeira, batendo em velocidade média-alta por aproximadamente 10 minutos, até que a mistura esfrie e fique bastante volumosa, com consistência de marshmallow.

MONTAGEM

1. Monte o bolo com a ajuda de um aro ou diretamente no prato em que irá servir, alternando camadas da massa e do recheio de limão e gengibre. Caso prefira, umedeça as camadas de massa com um pouco de calda básica.
2. Finalize com uma camada de massa e cubra todo o bolo com o marshmallow, fazendo pequenas estrelas utilizando saco de confeitar e bico 2E.

Bolo de chocolate com manteiga de amendoim

INGREDIENTES

200 G DE LEITE

5 G DE VINAGRE BRANCO

350 G DE FARINHA DE TRIGO

10 G DE FERMENTO EM PÓ

5 G DE BICARBONATO DE SÓDIO

1 PITADA DE SAL

420 G DE AÇÚCAR MASCAVO

150 G DE MANTEIGA SEM SAL EM TEMPERATURA AMBIENTE

10 G DE EXTRATO DE BAUNILHA

100 G DE PASTA DE AMENDOIM INTEGRAL SEM AÇÚCAR

4 OVOS

RECHEIO

400 G DE CREME DE LEITE

300 G DE CHOCOLATE MEIO AMARGO

100 G DE PASTA DE AMENDOIM INTEGRAL SEM AÇÚCAR

COBERTURA

100 G DE MANTEIGA SEM SAL EM TEMPERATURA AMBIENTE

150 G DE CREAM CHEESE EM TEMPERATURA AMBIENTE

240 G DE AÇÚCAR IMPALPÁVEL

10 G DE EXTRATO DE BAUNILHA

AMENDOIM SEM PELE E SEM SAL TRITURADO PARA DECORAR

MASSA

1. Misture o leite e o vinagre e reserve.
2. Peneire a farinha com o fermento, o bicarbonato e o sal. Reserve.
3. Bata o açúcar com a manteiga, a baunilha e a pasta de amendoim até obter um creme. Adicione os ovos, um de cada vez, e bata novamente. Acrescente a farinha peneirada, alternando com o leite.
4. Divida a massa em três fôrmas redondas de 20 cm de diâmetro, untadas e com o fundo forrado com papel-manteiga.
5. Leve ao forno preaquecido a 180 °C e asse até que, espetando um palito, ele saia seco.

RECHEIO

Aqueça o creme de leite até quase ferver e junte o chocolate meio amargo picado. Mexa para derreter. Misture a pasta de amendoim e deixe descansar.

COBERTURA DE CREAM CHEESE

1. Bata na batedeira, com o batedor de pá ou raquete, a manteiga com o cream cheese, apenas até misturar. Acrescente o açúcar impalpável e misture cuidadosamente.
2. Adicione a baunilha e deixe descansar por 1 hora na geladeira antes de utilizar.

MONTAGEM

Alterne camadas de massa e recheio, finalizando com o glacê de cream cheese. Decore com o amendoim triturado.

Bolo marshmallow americano

A inspiração para este bolo veio do costume de comer marshmallow tostado na fogueira, deliciosa tradição americana e canadense.

INGREDIENTES

10 G DE VINAGRE

200 G DE LEITE

200 G DE BISCOITO DOCE DE CEREAIS

240 G DE FARINHA DE TRIGO

5 G DE CANELA EM PÓ

5 G DE FERMENTO

2,5 G DE BICARBONATO DE SÓDIO

200 G DE MANTEIGA SEM SAL

260 G DE AÇÚCAR MASCAVO

4 OVOS

10 G DE EXTRATO DE BAUNILHA

RECHEIO

400 G DE CREME DE LEITE

400 G DE CHOCOLATE MEIO AMARGO PICADO

1 RECEITA DE CALDA BÁSICA (VER NA P. 12)

COBERTURA

150 G DE AÇÚCAR

75 G DE ÁGUA

150 G DE MEL

3 CLARAS

5 G DE EXTRATO DE BAUNILHA

MASSA

1. Misture o vinagre ao leite e reserve.
2. Bata o biscoito no processador até obter uma farinha. Misture com a farinha de trigo, a canela, o fermento e o bicarbonato.
3. Na batedeira, bata a manteiga com o açúcar até obter um creme. Adicione os ovos, um a um, e o extrato de baunilha. Acrescente a mistura de farinha, alternando com o leite.
4. Despeje a massa em três fôrmas redondas de 20 cm de diâmetro, untadas e enfarinhadas. Leve ao forno preaquecido a 180 °C e asse até que, espetando um palito, ele saia seco.

RECHEIO DE CHOCOLATE MEIO AMARGO

Aqueça o creme de leite até quase ferver. Desligue e acrescente o chocolate meio amargo, mexendo bem até o recheio ficar homogêneo.

COBERTURA DE MARSHMALLOW

1. Coloque o açúcar, a água e o mel em uma panela e leve ao fogo. Cozinhe sem mexer até que atinja o ponto de bala mole, ou 110 °C.
2. Enquanto cozinha a calda, coloque as claras na batedeira e bata em neve. Despeje a calda assim que atingir o ponto, batendo continuamente em velocidade média. Continue batendo até que a mistura esfrie totalmente e esteja bem fofa. Acrescente a baunilha.

MONTAGEM

1. Monte o bolo com o auxílio de um aro, alternando camadas de massa e recheio. Se preferir, umedeça a massa com calda básica.
2. Cubra o bolo já recheado e, com um maçarico, queime levemente sua superfície.

Bolo de banana caramelada

INGREDIENTES

250 G DE LEITE

10 G DE VINAGRE

250 G DE MANTEIGA SEM SAL

400 G DE AÇÚCAR

2 OVOS

420 G DE FARINHA DE TRIGO

5 G DE CANELA EM PÓ

5 G DE BICARBONATO DE SÓDIO

10 G DE EXTRATO DE BAUNILHA

RECHEIO

100 G DE MANTEIGA SEM SAL

220 G DE AÇÚCAR MASCAVO

50 G DE CREME DE LEITE FRESCO

5 G DE CANELA EM PÓ

50 G DE RUM ESCURO

3 BANANAS NANICAS MADURAS

RECHEIO E COBERTURA

250 G DE MANTEIGA SEM SAL
EM TEMPERATURA AMBIENTE

5 G DE EXTRATO DE BAUNILHA

1 FAVA DE BAUNILHA

3 CLARAS

150 G DE AÇÚCAR

200 G DE CHIPS DE BANANA

MASSA

1. Misture o leite ao vinagre e reserve.
2. Bata a manteiga com o açúcar até obter um creme. Junte os ovos, um a um, e bata até que tudo fique homogêneo.
3. Peneire a farinha, a canela e o bicarbonato de sódio.
4. Acrescente o leite e a mistura de farinha à massa, alternadamente, e bata até que fique homogêneo. Adicione o extrato de baunilha e misture.
5. Despeje a massa em três fôrmas redondas de 20 cm de diâmetro, untadas e enfarinhadas, e leve ao forno preaquecido a 180 °C por aproximadamente 45 minutos.

RECHEIO

Derreta a manteiga em uma frigideira de bordas mais altas e acrescente o açúcar, o creme de leite e a canela e deixe derreter. Retire a panela do fogo, adicione o rum e as bananas e cuidadosamente aproxime a panela da chama do fogão para que flambe.

RECHEIO E COBERTURA DE BUTTERCREAM

1. Na batedeira, bata a manteiga e o extrato de baunilha com o batedor raquete até ficar cremosa. Abra a fava de baunilha no sentido do comprimento e, com a ponta da faca, raspe as sementinhas acrescentando-as à manteiga. Guarde a fava para utilizá-la em outras receitas. Reserve esse preparo.
2. Leve ao fogo em banho-maria as claras com o açúcar e cozinhe batendo vigorosamente com um fouet, até que espume e atinja a temperatura de 65 °C (bem quente ao toque).
3. Bata com o batedor globo na batedeira, em velocidade média-alta, até que esfrie e forme um merengue. Diminua a velocidade e acrescente a manteiga aos poucos, batendo em velocidade baixa até que a mistura fique cremosa e homogênea.

MONTAGEM

1. Disponha uma camada de massa no prato que irá servir e passe uma camada fina de recheio.
2. Com a ajuda de um saco de confeitar e o bico perlê largo, coloque uma porção de recheio em volta da massa, formando um cordão. No espaço criado no meio da massa, coloque 1/3 das bananas flambadas. Complete com mais uma camada de massa e repita o processo. Finalize com mais recheio no topo e decore com os chips de banana.

Bolo de nozes com baba de moça

INGREDIENTES

400 G DE NOZES SEM CASCA
20 G DE FARINHA DE TRIGO
125 G DE FARINHA DE ROSCA
100 G DE FARINHA DE AMÊNDOAS
12 OVOS
500 G DE AÇÚCAR

RECHEIO

250 G DE AÇÚCAR
200 G DE ÁGUA
200 G DE LEITE DE COCO
6 GEMAS
1 RECEITA DE CALDA BÁSICA (VER NA P. 12)

COBERTURA

80 G DE ÁGUA
120 G DE AÇÚCAR
6 CLARAS
120 G DE FIOS DE OVOS PARA DECORAR

MASSA

1. Unte com óleo e enfarinhe três fôrmas redondas de 20 cm de diâmetro. Caso elas não tenham fundo falso, forre os fundos com papel-manteiga.
2. Moa as nozes e a farinha de trigo no processador de alimentos. Misture com a farinha de rosca e a farinha de amêndoas e reserve.
3. Bata as claras em neve na batedeira. Acrescente as gemas, uma a uma, e depois adicione o açúcar aos poucos. Com a ajuda de um fouet, junte a mistura de nozes e farinha.
4. Coloque nas fôrmas e asse por aproximadamente 30 minutos.

RECHEIO DE BABA DE MOÇA

1. Leve o açúcar e a água ao fogo e deixe cozinhar, sem mexer, até formar uma calda em ponto de fio fraco.
2. Retire do fogo e junte o leite de coco. Espere esfriar.
3. Acrescente as gemas e volte ao fogo, mexendo e cozinhando até que se pareça com uma geleia.

COBERTURA DE MERENGUE

1. Leve a água e o açúcar ao fogo até formar uma calda em ponto de bala mole. Enquanto isso, bata as claras em neve.
2. Despeje a calda quente nas claras, batendo. Bata até esfriar.

MONTAGEM

1. Alterne camadas de massa de nozes e baba de moça.
2. Cubra com o merengue e espalhe os fios de ovos para decorar. Se preferir, umedeça as camadas de massa com calda básica.

Bolo de chocolate e quinoa

INGREDIENTES

180 G DE QUINOA VERMELHA

300 G DE AÇÚCAR

60 G DE CACAU EM PÓ

10 G DE FERMENTO EM PÓ

5 G DE BICARBONATO DE SÓDIO

1 PITADA DE SAL

4 OVOS

10 G DE BAUNILHA

180 G DE ÓLEO DE GIRASSOL

RECHEIO

400 G DE CREME DE LEITE FRESCO

250 G DE CHOCOLATE MEIO AMARGO PICADO

COBERTURA

100 G DE CREME DE LEITE FRESCO

200 G DE CHOCOLATE MEIO AMARGO

MASSA

1. Cozinhe a quinoa em água sem sal. Escorra e deixe esfriar. Você deve obter aproximadamente 320 g de quinoa cozida.
2. Misture o açúcar, o cacau, o fermento, o bicarbonato e o sal. Reserve.
3. Bata a quinoa cozida no liquidificador com os ovos, a baunilha e o óleo até que tudo fique homogêneo. Junte à mistura de açúcar e, com a ajuda de um fouet, bata bem. Divida a massa em duas fôrmas redondas de 20 cm de diâmetro, untadas e forradas com papel-manteiga.
4. Leve ao forno preaquecido a 180 °C e asse por aproximadamente 35 minutos.
5. Retire do forno, deixe que esfrie por 10 minutos e desenforme.

RECHEIO

1. Ferva o creme de leite fresco e despeje sobre o chocolate picado. Misture com a ajuda de um fouet até obter uma consistência homogênea.
2. Leve à geladeira para que esfrie completamente.
3. Bata na batedeira por aproximadamente 5 minutos, quando deve estar encorpado e ligeiramente mais claro. Utilize imediatamente.

COBERTURA

Ferva o creme de leite e despeje no chocolate meio amargo picado. Misture com a ajuda de um fouet até ficar homogêneo.

MONTAGEM

Coloque em um prato de servir um dos bolos, espalhe o recheio, cubra com o outro bolo e leve à geladeira por 2 horas. Decore com a cobertura utilizando uma espátula para as laterais e um bico perlê grande para o topo.

Bolo de abacaxi e coco

INGREDIENTES

350 G DE FARINHA DE TRIGO

15 G DE FERMENTO EM PÓ

10 G DE VINAGRE

150 G DE CREME DE LEITE

180 G DE MANTEIGA SEM SAL

300 G DE AÇÚCAR

200 G DE LEITE

6 CLARAS

RECHEIO

150 G DE AÇÚCAR

500 G DE ABACAXI FRESCO PICADO, COM O SUCO

40 G DE AMIDO DE MILHO

120 G DE ÁGUA

COBERTURA

1 RECEITA DE BUTTERCREAM DE BAUNILHA (VER NA P. 8)

100 G DE COCO RALADO FRESCO

MASSA

1. Peneire a farinha com o fermento e reserve.
2. Misture o vinagre ao creme de leite. Reserve.
3. Bata a manteiga com o açúcar até que fique cremosa. Acrescente o creme de leite com vinagre, misture e adicione a farinha peneirada, alternando com o leite. Por fim, acrescente as claras batidas em neve.
4. Divida a massa em três fôrmas redondas de 20 cm de diâmetro, untadas e com o fundo forrado com papel-manteiga. Asse em forno preaquecido a 180 °C por aproximadamente 50 minutos.

RECHEIO DE ABACAXI

1. Leve todos os ingredientes ao fogo, mexendo até que a mistura ferva e engrosse.
2. Reserve até que esfrie.

COBERTURA

Prepare a receita conforme as instruções e acrescente o coco fresco ralado.

MONTAGEM E DECORAÇÃO

1. Com a ajuda de um aro de 20 cm de diâmetro e 10 cm de altura, alterne camadas de massa e recheio de abacaxi.
2. Cubra o bolo, decore com o buttercream e finalize com o coco ralado. Se desejar, decore com pedaços de abacaxi.

Bolo de morango e lichia

INGREDIENTES

8 OVOS

300 G DE AÇÚCAR

200 G DE ÁGUA

85 G DE ÓLEO

320 G DE FARINHA DE TRIGO

15 G DE FERMENTO EM PÓ

CREME

40 G DE MANTEIGA SEM SAL

500 G DE LEITE INTEGRAL

5 GEMAS

130 G DE AÇÚCAR

30 G DE AMIDO DE MILHO

30 G DE FARINHA DE TRIGO

5 G DE EXTRATO DE BAUNILHA

RECHEIO

200 G DE LICHIAS EM CALDA ESCORRIDAS

70 G DE AÇÚCAR

10 G DE SUCO DE LIMÃO-SICILIANO

15 G DE AMIDO DE MILHO

MONTAGEM

250 G DE MORANGOS FRESCOS

1 RECEITA DE CALDA BÁSICA (VER NA P. 12)

DECORAÇÃO

100 G DE MORANGOS FRESCOS

50 G DE LICHIAS EM CALDA

FLORES COMESTÍVEIS

MASSA

1. Bata os ovos com o açúcar até que a mistura fique bem fofa e clara e, ao tocá-la com os dedos, não seja possível sentir os cristais de açúcar.
2. Junte a água e o óleo, adicione à mistura de ovos e acrescente a farinha peneirada com o fermento. Mexa com um fouet, com movimentos suaves de baixo para cima.
3. Divida a massa em três fôrmas redondas de 20 cm de diâmetro, untadas e enfarinhadas, com o fundo forrado com papel-manteiga. Leve ao forno preaquecido a 180 °C por aproximadamente 40 minutos.
4. Retire do forno, deixe esfriar por 10 minutos, desenforme e retire o papel.

CREME DE BAUNILHA

1. Reserve a manteiga.
2. Leve os demais ingredientes ao fogo, mexendo com a ajuda de um fouet, até ferver e obter um creme consistente.
3. Retire do fogo, continue mexendo com o fouet e acrescente a manteiga.
4. Misture até que ela esteja totalmente derretida e incorporada ao creme.
5. Deixe o creme esfriar coberto com filme plástico aderido à superfície para que não crie uma crosta.

RECHEIO DE LICHIAS

Bata os ingredientes no liquidificador e leve ao fogo até que fique consistente.

MONTAGEM

1. Utilize um aro de 20 cm de diâmetro para ajudar na montagem.
2. Coloque uma camada de massa e umedeça com calda básica. Adicione metade do creme de baunilha, os morangos em pedaços, outra camada de massa, a compota de lichias, a última massa e cubra com o restante do creme de baunilha.
3. Decore com morangos e lichias inteiras.

Bolo de chocolate com maracujá

INGREDIENTES

200 G DE CREME DE LEITE

10 G DE VINAGRE BRANCO

380 G DE FARINHA DE TRIGO

100 G DE CHOCOLATE EM PÓ

10 G DE FERMENTO EM PÓ

5 G DE BICARBONATO DE SÓDIO

200 G DE MANTEIGA SEM SAL EM TEMPERATURA AMBIENTE

400 G DE AÇÚCAR

2 OVOS

100 G DE CAFÉ COADO E FRIO

RECHEIO DE MARACUJÁ

200 G DE POLPA DE MARACUJÁ (2 UNIDADES GRANDES)

3 OVOS

1 GEMA

150 G DE MANTEIGA SEM SAL

220 G DE AÇÚCAR

20 G DE AMIDO DE MILHO

RECHEIO DE CHANTILI

400 G DE CREME DE LEITE FRESCO

50 G DE AÇÚCAR

COBERTURA

100 G DE CHOCOLATE MEIO AMARGO

50 G DE MANTEIGA SEM SAL

100 G DE AÇÚCAR IMPALPÁVEL

25 G DE LEITE

RASPAS DE CHOCOLATE PARA DECORAR

COBERTURA ESPELHADA DE MARACUJÁ

100 G DE POLPA DE MARACUJÁ

50 G DE AÇÚCAR

100 G DE ÁGUA

5 G DE AMIDO DE MILHO

MASSA

1. Misture o creme de leite e o vinagre e reserve.
2. Peneire a farinha com o chocolate em pó, o fermento e o bicarbonato. Reserve.
3. Bata a manteiga com o açúcar até obter um creme e adicione os ovos, um a um. Acrescente a mistura de creme de leite com vinagre, mexa e adicione a farinha peneirada. Bata até que fique homogêneo. Finalize adicionando o café e batendo até misturar.
4. Coloque a massa em três fôrmas redondas de 20 cm de diâmetro, untadas e enfarinhadas, e leve ao forno preaquecido a 180 °C por aproximadamente 45 minutos.

RECHEIO DE MARACUJÁ

Misture todos os ingredientes e leve ao fogo em banho-maria, mexendo até engrossar.

RECHEIO DE CHANTILI

Bata o creme de leite na batedeira até que comece a engrossar. Acrescente o açúcar e bata até obter o ponto de chantili.

COBERTURA DE CHOCOLATE

Derreta o chocolate com a manteiga. Retire do fogo, acrescente o açúcar impalpável, o leite, e bata com um fouet até que fique homogêneo.

COBERTURA ESPELHADA DE MARACUJÁ

Misture todos os ingredientes ainda frios, coloque em uma panela e leve ao fogo até ferver e engrossar ligeiramente. Deixe esfriar totalmente antes de utilizar, no topo do bolo.

MONTAGEM

1. Coloque uma camada de massa no prato em que irá servir o bolo. Cubra com metade do creme chantili e coloque colheradas do creme de maracujá. Cubra com mais uma camada de massa e repita o processo.
2. Finalize com o chantili e e a cobertura de maracujá.
3. Decore com as raspas de chocolate.

Bolo de leite Ninho®

INGREDIENTES

570 G DE FARINHA DE TRIGO

15 G DE FERMENTO EM PÓ

300 G DE MANTEIGA SEM SAL
EM TEMPERATURA AMBIENTE

600 G DE AÇÚCAR

6 OVOS

280 G DE LEITE

RECHEIO

600 G DE LEITE INTEGRAL

6 GEMAS

150 G DE AÇÚCAR

35 G DE AMIDO DE MILHO

35 G DE FARINHA DE TRIGO

45 G DE MANTEIGA SEM SAL

100 G DE LEITE NINHO®

5 G DE EXTRATO DE BAUNILHA

1 RECEITA DE CALDA BÁSICA (VER NA P. 12)

COBERTURA

300 G DE MANTEIGA SEM SAL
EM TEMPERATURA AMBIENTE

395 G DE LEITE CONDENSADO

200 G DE CREME DE LEITE

200 G DE LEITE NINHO®

MASSA

1. Peneire a farinha com o fermento e reserve.
2. Bata a manteiga com o açúcar até obter um creme. Adicione os ovos, um a um, batendo após cada adição.
3. Adicione a farinha peneirada alternando com o leite e bata até que se misturem por completo.
4. Distribua a massa em três fôrmas redondas de 20 cm de diâmetro, untadas e enfarinhadas.
5. Leve ao forno preaquecido a 180 °C e asse por aproximadamente 45 minutos.
6. Retire do forno, espere esfriar por 10 minutos, desenforme e deixe esfriar totalmente.

RECHEIO

Misture todos os ingredientes, passe por uma peneira e leve ao fogo até ferver, mexendo sempre. Peneire novamente e deixe esfriar, com um filme plástico aderido ao creme.

COBERTURA

1. Coloque a manteiga na batedeira e comece a bater. Despeje o leite condensado em fio, batendo sempre, até obter um creme bem leve.
2. Adicione o creme de leite e o leite em pó aos poucos, batendo até tudo ficar homogêneo.

MONTAGEM

1. Corte cada camada de bolo ao meio no sentido horizontal, obtendo assim 6 camadas de massa.
2. Monte o bolo com a ajuda de um aro de 20 cm de diâmetro e 10 cm de altura, intercalando massa e recheio. Nesta receita, é importante umedecer a massa com calda básica.
3. Leve o bolo à geladeira por 2 horas.
4. Retire do aro e cubra com a cobertura de leite Ninho®.
5. Decore com bico 5B.

Boston Cream Pie

Esta receita foi inventada no Parker House Hotel de Boston. Embora o nome se refira a uma torta, é um belo bolo recheado, com 2 camadas de massa fofa e leve.

INGREDIENTES

140 G DE LEITE

5 G DE VINAGRE

220 G DE FARINHA DE TRIGO

1 PITADA DE SAL

5 G DE FERMENTO

160 G DE MANTEIGA SEM SAL EM TEMPERATURA AMBIENTE

200 G DE AÇÚCAR

5 G DE EXTRATO DE BAUNILHA

3 OVOS

RECHEIO

6 GEMAS

200 G DE AÇÚCAR

300 G DE LEITE

35 G DE AMIDO DE MILHO

5 G DE EXTRATO DE BAUNILHA

50 G DE MANTEIGA SEM SAL

COBERTURA

240 G DE CHOCOLATE MEIO AMARGO

120 G DE CREME DE LEITE FRESCO

MASSA

1. Misture o leite e o vinagre. Reserve.
2. Peneire a farinha com o sal e o fermento e reserve.
3. Bata a manteiga com o açúcar e a baunilha até obter um creme fofo e claro. Adicione os ovos, um a um, batendo bem após cada adição.
4. Acrescente a farinha e o leite, alternadamente. Bata apenas até obter uma massa homogênea.
5. Despeje a massa em duas fôrmas redondas de 20 cm de diâmetro, untadas e enfarinhadas, e leve ao forno preaquecido a 180 °C por 35 minutos, até que asse e fique dourado.

RECHEIO DE CREME DE BAUNILHA

1. Peneire as gemas, misture o açúcar, o leite, o amido, a baunilha e o sal, e leve ao fogo baixo, mexendo até engrossar.
2. Retire do fogo, acrescente a manteiga e mexa até derreter.
3. Deixe o creme esfriar coberto com filme plástico aderido a ele.

COBERTURA DE CHOCOLATE

1. Quebre o chocolate em pedaços pequenos. Ferva o creme de leite e despeje no chocolate picado.
2. Mexa até ficar homogêneo. Reserve.

MONTAGEM

1. Coloque uma das camadas de massa em um prato e cubra com o creme de baunilha já frio.
2. Complete com a outra massa e finalize com a cobertura de chocolate.

Bolo de castanha-do-pará com doce de leite

INGREDIENTES

100 G DE FARINHA DE TRIGO

400 G DE CASTANHA-DO-PARÁ MOÍDA

5 G DE FERMENTO EM PÓ

250 G DE MANTEIGA SEM SAL EM TEMPERATURA AMBIENTE

400 G DE AÇÚCAR

10 OVOS

RECHEIO

1 KG DE DOCE DE LEITE

5 GEMAS

100 G DE CREME DE LEITE FRESCO

COBERTURA

120 G DE ÁGUA

300 G DE AÇÚCAR

30 G DE GLUCOSE DE MILHO

6 CLARAS

100 G DE DOCE DE LEITE

MASSA

1. Misture a farinha de trigo com a castanha-do-pará moída e o fermento. Reserve.
2. Bata a manteiga com o açúcar até obter um creme fofo e claro. Adicione os ovos, um a um, e, por fim, a farinha reservada.
3. Divida a massa em três fôrmas redondas de 20 cm de diâmetro, untadas e enfarinhadas, e leve ao forno preaquecido a 180 °C.

RECHEIO

Misture tudo e leve ao fogo, mexendo sempre, até que ferva e fique bem consistente. Deixe esfriar.

COBERTURA

1. Misture a água, o açúcar e a glucose e leve ao fogo. Não mexa e deixe cozinhar até atingir 110 °C, o ponto de bala mole.
2. Enquanto isso, bata as claras em neve na batedeira. Assim que o açúcar atingir a temperatura, adicione em fio às claras, com a batedeira ligada, e continue batendo até esfriar.
3. Misture levemente o doce de leite dando efeito mesclado.

MONTAGEM

1. Corte cada uma das massas ao meio, no sentido horizontal, até obter 6 camadas de massa.
2. Monte o bolo alternando camadas de massa e recheio, cubra o topo e a lateral do bolo.

Bolo de brigadeiro

INGREDIENTES

5 G DE VINAGRE BRANCO

240 G DE CREME DE LEITE

380 G DE FARINHA DE TRIGO

80 G DE CHOCOLATE EM PÓ

20 G DE CACAU EM PÓ

10 G DE FERMENTO EM PÓ

5 G DE BICARBONATO DE SÓDIO

200 G DE MANTEIGA

400 G DE AÇÚCAR

80 G DE ÓLEO

4 OVOS

120 G DE ÁGUA QUENTE

RECHEIO E COBERTURA

1180 G DE LEITE CONDENSADO

2 GEMAS

50 G DE CREME DE LEITE

300 G DE CHOCOLATE MEIO AMARGO PICADO

100 G DE CHOCOLATE GRANULADO

1 RECEITA DE GANACHE DE CHOCOLATE AO LEITE (VER NA P. 10)

MASSA

1. Misture o vinagre ao creme de leite e reserve.
2. Peneire a farinha, o chocolate em pó, o cacau, o fermento e o bicarbonato. Reserve.
3. Bata a manteiga com o açúcar, acrescente o óleo e bata bem.
4. Acrescente os ovos, um a um.
5. Alterne as farinhas com o creme de leite e, por fim, adicione a água quente.
6. Leve ao forno em três fôrmas redondas de 20 cm de diâmetro, untadas e enfarinhadas.

RECHEIO E COBERTURA

1. Misture os quatro primeiros ingredientes e leve ao fogo baixo, mexendo constantemente, até a mistura encorpar e se desprender dos lados e do fundo da panela (aproximadamente 15 minutos).
2. Deixe esfriar e utilize.

MONTAGEM

1. Corte cada massa ao meio no sentido horizontal, obtendo 6 camadas de bolo.
2. Monte o bolo com a ajuda de um aro redondo de 20 cm de diâmetro.
3. Reserve 250 g do recheio para cobertura e decoração. Utilize o restante para compor 5 camadas de recheio.
4. Com o recheio reservado, enrole brigadeiros para o topo, passando-os no chocolate granulado.
5. Para decorar a lateral do bolo, espalhe a ganache de chocolate ao leite com a ajuda de uma espátula.

BOLOS *com cobertura e recheio*

CUPCAKES, BOLOS DECORADOS
E DE MONTAGEM ELABORADA

Bolo de paçoca

INGREDIENTES

6 OVOS

400 G DE AÇÚCAR

200 G DE ÁGUA

5 G DE EXTRATO DE BAUNILHA

30 G DE ÓLEO

320 G DE FARINHA DE TRIGO

15 G DE FERMENTO EM PÓ

150 G DE PAÇOCA

RECHEIO

35 G DE FARINHA DE TRIGO

790 G DE LEITE CONDENSADO

100 G DE CREME DE LEITE

20 G DE MANTEIGA SEM SAL

CALDA

200 G DE ÁGUA

100 G DE AÇÚCAR

MONTAGEM

400 G DE COBERTURA DE CHOCOLATE BRANCO

100 G DE PAÇOCA

MASSA

1. Bata os ovos com o açúcar por 10 minutos, até que estejam bem fofos e claros e, ao toque, não seja possível sentir os cristais de açúcar. Junte a água, a baunilha e o óleo e despeje na mistura de ovos. Mexa com um fouet.
2. Peneire a farinha com o fermento e acrescente à mistura com a ajuda de um fouet e, por fim, adicione a paçoca.
3. Despeje a massa em três fôrmas redondas de 20 cm de diâmetro, untadas e enfarinhadas, com o fundo forrado com papel-manteiga.
4. Leve ao forno preaquecido a 180 °C por aproximadamente 40 minutos.

RECHEIO DE BRIGADEIRO BRANCO

Misture a farinha em uma pequena quantidade de leite condensado para que dissolva e, em seguida, junte os demais ingredientes. Leve ao fogo e mexa em fogo baixo, até que desprenda dos lados e do fundo da panela. Retire e deixe esfriar.

CALDA

Misture os ingredientes e ferva. Deixe esfriar.

MONTAGEM

1. Com um aro de 20 cm de diâmetro e 10 cm de altura, monte o bolo. Intercale camadas de massa e brigadeiro branco, umedecendo as massas com calda.
2. Deixe descansar na geladeira por pelo menos 3 horas.
3. Retire o bolo do aro e faça a decoração.
4. Derreta a cobertura de chocolate branco em banho-maria e retire do fogo. Estenda uma tira de acetato 0,5 cm mais alta que o bolo, com comprimento suficiente para dar a volta em todo a sua extensão. Espalhe uma camada uniforme de cobertura de chocolate branco com a ajuda de uma espátula e envolva o bolo já frio e recheado. Retorne à geladeira por mais 15 minutos e, então, retire cuidadosamente a fita de acetato. Decore o topo de bolo com paçoca.

Torta Dobos

Para esta receita, você precisará de uma assadeira retangular grande e de bordas baixas, forrada com papel-manteiga, e um aro de 20 cm ou 22 cm de diâmetro.

Receita tradicional húngara, este é um bolo de massa amanteigada e camadas finas de creme de chocolate, decorado com caramelo.

INGREDIENTES

DECORAÇÃO

200 G DE AÇÚCAR CRISTAL

5 G DE SUCO DE LIMÃO

10 G DE MANTEIGA SEM SAL

MASSA

250 G DE MANTEIGA SEM SAL EM TEMPERATURA AMBIENTE

220 G DE AÇÚCAR

4 OVOS

240 G DE FARINHA DE TRIGO

RECHEIO

100 G DE ÁGUA

250 G DE AÇÚCAR

8 GEMAS

500 G DE MANTEIGA SEM SAL EM TEMPERATURA AMBIENTE

30 G DE CACAU EM PÓ

15 G DE EXTRATO DE BAUNILHA

BUTTERCREAM DE CHOCOLATE

85 G DE MANTEIGA SEM SAL EM TEMPERATURA AMBIENTE

5 G DE EXTRATO DE BAUNILHA

2 CLARAS

100 G DE AÇÚCAR

100 G DE CHOCOLATE MEIO AMARGO PICADO

40 G DE CREME DE LEITE FRESCO

DECORAÇÃO (CARAMELO)

1. Em uma folha de papel-manteiga, risque com um lápis o contorno do mesmo aro que será utilizado para a massa. Faça linhas passando pelo centro do círculo, como se criasse fatias, dividindo o circulo em vários segmentos.
2. Leve ao fogo o açúcar cristal e o suco de limão e deixe cozinhar até formar um caramelo dourado.
3. Despeje no círculo desenhado e espere que comece a esfriar. Unte uma faca com manteiga e marque todas as "fatias". Deixe esfriar totalmente e termine de cortar os pedaços de caramelo.

MASSA

1. Bata a manteiga com o açúcar até obter um creme bem fofo e claro. Acrescente os ovos, um a um, e incorpore a farinha com uma espátula.
2. Risque o contorno do aro no papel-manteiga, espalhe uma porção da massa com a ajuda de uma espátula e recoloque o aro.
3. Leve ao forno a 180 °C por 10 minutos, ou até que a massa fique dourada.
4. Retire do forno, passe uma espátula nas bordas do aro, remova a folha de papel-manteiga com a massa e deixe esfriar. Coloque uma nova folha de papel-manteiga e repita o processo, até obter 6 discos finos de massa. Reserve-os.

RECHEIO

Leve a água e o açúcar ao fogo e deixe ferver até formar uma calda em ponto de bala mole. Enquanto isso, coloque as gemas na batedeira e bata até que fiquem claras e fofas. Despeje a calda em fio, batendo continuamente. Acrescente a manteiga em temperatura ambiente, batendo, e, em seguida, o cacau peneirado e a baunilha.

MONTAGEM

1. Em um prato de servir, intercale camadas de massa e recheio. Cubra todo o bolo com o recheio.
2. Com a ajuda de um saco de confeitar e bico perlê liso e grande C 10, coloque pequenas porções de buttercream (ver modo de preparo nas p. 8 e 9) e apoie a parte mais larga de cada leque, formando um desenho circular. Finalize com uma porção de creme no centro da torta.
3. Decore com o leque de caramelo.

Rocambole preto e branco

INGREDIENTES

6 OVOS

150 G DE AÇÚCAR

50 G DE CACAU EM PÓ

1 PITADA DE SAL

MOUSSE DE CHOCOLATE BRANCO

250 G DE CREME DE LEITE FRESCO

150 G DE CHOCOLATE BRANCO

3 CLARAS

50 G DE AÇÚCAR

MASSA

1. Bata as gemas com 35 g do açúcar até que a mistura fique fofa e clara. Reserve.
2. Leve as claras e o açúcar restante ao fogo em banho-maria, mexendo com um fouet. Deixe cozinhar até ficar morno.
3. Bata a mistura na batedeira até que esfrie e forme um merengue.
4. Misture ao creme de gemas, polvilhe o cacau, peneirando, e acrescente o sal. Mexa delicadamente.
5. Leve para assar em uma fôrma retangular grande, forrada com papel-manteiga e enfarinhada.
6. Asse por aproximadamente 15 minutos, em forno preaquecido a 170 °C.
7. Forre uma superfície limpa e plana com uma folha de papel-manteiga. Retire a massa do forno, vire-a imediatamente sobre essa folha de papel. Retire com cuidado o papel que estava no fundo da assadeira e permaneceu aderido à massa. Em seguida, cubra a massa ainda quente com outra folha de papel-manteiga e, com o pano de cozinha umedecido, enrole a massa como um rocambole e deixe que esfrie totalmente.

MOUSSE DE CHOCOLATE BRANCO

1. Separe 50 g do creme de leite. Aqueça em uma panela até ferver e despeje sobre o chocolate branco picado, aguardando até que derreta.
2. Coloque as claras com o açúcar em uma panela e leve ao fogo em banho-maria, batendo com um fouet até que fique quente. Transfira para uma batedeira e bata até esfriar e formar um merengue.
3. Bata o creme de leite restante até que fique bem consistente, quase no ponto de chantili.
4. Misture o creme de chocolate ao merengue e, em seguida, junte o creme de leite. Reserve na geladeira.

MONTAGEM

Quando estiver frio, desenrole, retire o papel e o pano, recheie com a mousse e enrole novamente, utilizando o papel da base como guia.

Obs.: Para que a massa do rocambole esfrie sem ressecar e o rocambole não rache no momento da montagem, é muito importante mantê-la sempre coberta com papel-manteiga e um pano de cozinha levemente umedecido.

Cassata siciliana

Esta é uma receita muito antiga. Nos anos 1990, no Brasil, ela se tornou popular transformada em uma sobremesa à base de sorvete, mas a versão tradicional é um bolo recheado com ricota e frutas secas e cristalizadas, com aroma de limão.

A receita nasceu no que pode ser considerado o "berço" da confeitaria italiana, a Sicília.

É nítida a influência da ocupação sarracena no bolo, tanto nos sabores como no nome: "cassata", que vem do árabe *Quas'at*, referindo-se ao formato do doce.

INGREDIENTES

240 G DE FARINHA DE TRIGO

8 G DE FERMENTO EM PÓ

30 G DE ÓLEO

100 G DE ÁGUA

3 OVOS GRANDES

200 G DE AÇÚCAR

RECHEIO

1 KG DE RICOTA

50 G DE CREME DE LEITE FRESCO

120 G DE AÇÚCAR

30 G DE LICOR DE LARANJA

CASCA RALADA DE 1 LIMÃO-SICILIANO

100 G DE LARANJAS CRISTALIZADAS

80 G DE CHOCOLATE MEIO AMARGO EM PEDACINHOS

50 G DE PINOLES TOSTADOS

CREME

2 CLARAS

100 G DE AÇÚCAR

160 G DE MANTEIGA SEM SAL EM TEMPERATURA AMBIENTE, LIGEIRAMENTE BATIDA

80 G DE CHOCOLATE MEIO AMARGO DERRETIDO

MASSA

1. Peneire a farinha com o fermento e misture o óleo e a água.
2. Com o batedor de arame, na batedeira, bata os ovos com o açúcar por pelo menos 10 minutos, ou até que a mistura fique muito fofa e aerada.
3. Desligue a batedeira, acrescente a água com o oléo, mexa e, aos poucos, acrescente a farinha, incorporando com um fouet em movimentos de baixo para cima, até obter uma mistura homogênea.
4. Despeje a massa em uma assadeira retangular forrada com papel-manteiga também untado e leve ao forno preaquecido a 180 °C por aproximadamente 45 minutos.

RECHEIO

1. Coloque a ricota no processador de alimentos e bata até que fique cremosa. Junte o creme de leite e o açúcar. Bata rapidamente, retire do processador e transfira para uma tigela.
2. Acrescente os demais ingredientes.

CREME DE CHOCOLATE

1. Leve as claras e o açúcar ao fogo, em banho-maria. Cozinhe mexendo com um fouet até que atinja a temperatura de 65 °C.
2. Transfira para a batedeira e bata até que esfrie e forme um merengue.
3. Acrescente a manteiga aos poucos e continue batendo até obter um creme.
4. Junte uma pequena porção do creme ao chocolate derretido, misture bem e adicione ao restante do creme.

MONTAGEM

1. Utilize uma fôrma arredondada de aproximadamente 18 cm de diâmetro, com formato semelhante a uma meia esfera.
2. Forre a fôrma com um saco plástico de congelar alimentos aberto.
3. Corte o bolo em tiras largas e forre o fundo abaulado da fôrma.
4. Recheie com a mistura de ricota e cubra com as fatias de bolo restantes.
5. Cubra com filme plástico e leve à geladeira por 5 horas.
6. Retire a cassata da geladeira, desenforme cuidadosamente e espalhe o creme de chocolate no topo e pelas laterais.

Bolo três chocolates com cobertura de menta

INGREDIENTES

200 G DE CREME DE LEITE

10 G DE VINAGRE BRANCO

320 G DE FARINHA DE TRIGO

10 G DE FERMENTO EM PÓ

5 G DE BICARBONATO DE SÓDIO

120 G DE CHOCOLATE EM PÓ

220 G DE MANTEIGA SEM SAL EM TEMPERATURA AMBIENTE

400 G DE AÇÚCAR

2 OVOS

100 G DE CAFÉ COADO FRIO

RECHEIO DE CHOCOLATE BRANCO

220 G DE CHOCOLATE BRANCO EM PEDAÇOS PEQUENOS

50 G DE CREME DE LEITE

RECHEIO DE CHOCOLATE AO LEITE

200 G DE CHOCOLATE AO LEITE EM PEDAÇOS PEQUENOS

70 G DE CREME DE LEITE

RECHEIO DE CHOCOLATE MEIO AMARGO

200 G DE CHOCOLATE MEIO AMARGO EM PEDAÇOS PEQUENOS

100 G DE CREME DE LEITE

COBERTURA

250 G DE MANTEIGA SEM SAL EM TEMPERATURA AMBIENTE

5 G DE EXTRATO DE BAUNILHA

1 FAVA DE BAUNILHA

3 CLARAS

150 G DE AÇÚCAR

50 G DE LICOR CREME DE MENTA

CORANTE EM GEL VERDE

80 G DE RASPAS DE CHOCOLATE MEIO AMARGO PARA DECORAR

MASSA

1. Misture o creme de leite e o vinagre e reserve.
2. Peneire a farinha, o fermento, o bicarbonato e o chocolate em pó. Reserve.
3. Bata a manteiga com o açúcar até obter um creme. Adicione os ovos, um por vez, e misture o creme de leite reservado. Adicione a farinha peneirada, bata bem e, por fim, acrescente o café.
4. Despeje a massa em duas fôrmas redondas de 20 cm de diâmetro, untadas e enfarinhadas. Leve ao forno preaquecido a 180 °C e asse até que, espetando um palito, ele saia seco.

RECHEIO DE CHOCOLATE BRANCO

Aqueça o creme de leite até ferver e despeje sobre o chocolate branco. Mexa até derreter.

RECHEIO DE CHOCOLATE AO LEITE

Aqueça o creme de leite até ferver e despeje sobre o chocolate ao leite. Mexa até derreter.

RECHEIO DE CHOCOLATE MEIO AMARGO

Aqueça o creme de leite até ferver, despeje sobre o chocolate picado e mexa até derreter.

COBERTURA DE MENTA

1. Bata a manteiga e o extrato de baunilha na batedeira com o batedor raquete até que fique cremosa. Abra a fava de baunilha no sentido do comprimento e, com a ponta da faca, raspe as sementinhas acrescentando-a à manteiga. Guarde a fava para utilizá-la oportunamente em outras receitas. Reserve a manteiga batida.
2. Cozinhe as claras com o açúcar em banho-maria, batendo vigorosamente com um fouet até que espume e atinja a temperatura de 65 °C (bem quente ao toque).
3. Despeje as claras na batedeira, em uma tigela muito limpa e seca e bata com o batedor globo em velocidade média-alta até que esfrie e forme um merengue. Diminua a velocidade da batedeira e acrescente a manteiga reservada aos poucos, batendo em velocidade baixa até que a mistura fique cremosa e homogênea. Acrescente o licor e misture bem. Divida o creme em 3 porções e tinja-as com o corante verde fazendo um degradê de tons.

MONTAGEM

1. Corte cada uma das massas de chocolate ao meio, no sentido horizontal, obtendo assim 4 camadas de massa de chocolate. Com a ajuda de um aro redondo de 20 cm de diâmetro e 10 cm de altura, monte o bolo alternando camadas de massa e cada um dos recheios. Se desejar, umedeça as camadas com um pouco da calda básica (ver p. 12). Leve o bolo à geladeira por 5 horas para que os recheios fiquem firmes.
2. Retire do aro e espalhe no topo o creme mais claro e, na lateral, os dois tons mais escuros. Alise com uma espátula limpa, deixando que as cores se misturem levemente. Decore o topo com as raspas de chocolate.

Bolo de chocolate com brigadeiro de pistache

INGREDIENTES

200 G DE CREME DE LEITE

10 G DE VINAGRE BRANCO

380 G DE FARINHA DE TRIGO

100 G DE CHOCOLATE EM PÓ

10 G DE FERMENTO EM PÓ

5 G DE BICARBONATO DE SÓDIO

200 G DE MANTEIGA SEM SAL EM TEMPERATURA AMBIENTE

400 G DE AÇÚCAR

2 OVOS

100 G DE CAFÉ COADO E FRIO

RECHEIO DE BRIGADEIRO DE PISTACHE

1180 G DE LEITE CONDENSADO

35 G DE MANTEIGA

150 G DE PISTACHE EM PEDACINHOS

35 G DE PASTA DE PISTACHE PURA

3 GEMAS

1 RECEITA DE CALDA BÁSICA (VER NA P. 12)

1 RECEITA DE GANACHE DE CHOCOLATE MEIO AMARGO (VER NA P. 9)

MASSA

1. Misture o creme de leite e o vinagre. Reserve.
2. Peneire a farinha com o chocolate em pó, o fermento e o bicarbonato e reserve.
3. Bata a manteiga com o açúcar até obter um creme e adicione os ovos, um a um. Acrescente o creme de leite com vinagre, misture e, em seguida, adicione a farinha peneirada. Bata até ficar homogêneo e finalize com o café, batendo até misturar.
4. Coloque a massa em duas fôrmas redondas de 20 cm de diâmetro, untadas e enfarinhadas, e leve ao forno preaquecido a 180 °C por aproximadamente 45 minutos.

RECHEIO DE BRIGADEIRO DE PISTACHE

Leve todos os ingredientes ao fogo baixo, mexendo até que se desprenda do fundo e dos lados da panela. Deixe amornar.

MONTAGEM

1. Com a ajuda de um aro de 20 cm de diâmetro e 10 cm de altura, alterne camadas de massa e brigadeiro de pistache. Umedeça as camadas de massa com calda básica.
2. Decore o bolo com uma receita de ganache de chocolate meio amargo com bico pitanga número 22, e no topo espalhe o pistache picado.

Bolo creme de laranja

INGREDIENTES

200 G DE LEITE

10 G DE VINAGRE BRANCO

350 G DE FARINHA DE TRIGO

1 PITADA DE SAL

5 G DE BICARBONATO DE SÓDIO

150 G DE MANTEIGA SEM SAL
EM TEMPERATURA AMBIENTE

300 G DE AÇÚCAR

4 OVOS

CREME

15 G DE GELATINA SEM SABOR

30 G DE ÁGUA

8 GEMAS

300 G DE AÇÚCAR

200 G DE SUCO DE LARANJA

CASCA RALADA DE 2 LARANJAS-PERA

150 G DE MANTEIGA SEM SAL

COBERTURA

100 G DE MANTEIGA SEM SAL
EM TEMPERATURA AMBIENTE

150 G DE CREAM CHEESE
EM TEMPERATURA AMBIENTE

240 G DE AÇÚCAR IMPALPÁVEL

10 G DE EXTRATO DE BAUNILHA

CORANTE EM GEL NA COR PÊSSEGO OU SALMÃO

MASSA

1. Misture o leite com o vinagre branco e reserve. Peneire a farinha, o sal e o bicarbonato. Reserve.
2. Bata a manteiga com o açúcar e acrescente os ovos, um a um, batendo após cada adição.
3. Misture a farinha peneirada, alternando com o leite.
4. Divida a massa em três fôrmas redondas de 20 cm de diâmetro, untadas e enfarinhadas, e leve ao forno preaquecido a 180 °C por aproximadamente 45 minutos.

CREME DE LARANJA

1. Polvilhe a gelatina sobre a água e deixe hidratar.
2. Cozinhe em banho-maria as gemas, o açúcar, o suco de laranja e as cascas raladas até a mistura engrossar e ficar cremosa.
3. Desligue o fogo, acrescente a gelatina, mexa para dissolver e junte a manteiga.
4. Deixe esfriar coberto com filme plástico bem aderido ao creme.

COBERTURA

1. Bata a manteiga com o cream cheese na batedeira, com o batedor de pá ou raquete, apenas até misturar.
2. Acrescente o açúcar impalpável e misture cuidadosamente.
3. Adicione a baunilha e deixe descansar por 1 hora na geladeira antes de utilizar.
4. Divida a cobertura em 3 porções e tinja-as com corante em gel na cor pêssego, fazendo um degradê de tons.

MONTAGEM

1. Monte o bolo com a ajuda de um aro de 20 cm de diâmetro, alternando camadas de massa e creme de laranja.
2. Coloque na geladeira e deixe descansar por 6 horas.
3. Retire do aro, passe uma fina camada de cobertura com uma espátula e decore com bico de confeitar número 32.

Cupcakes clássicos de baunilha

INGREDIENTES

420 G DE FARINHA DE TRIGO

1 PITADA DE SAL

400 G DE AÇÚCAR

15 G DE FERMENTO EM PÓ

200 G DE MANTEIGA SEM SAL
EM TEMPERATURA AMBIENTE

4 OVOS

200 G DE LEITE

10 G DE EXTRATO DE BAUNILHA

COBERTURA

220 G DE MANTEIGA SEM SAL
EM TEMPERATURA AMBIENTE

15 G DE EXTRATO DE BAUNILHA

600 G DE AÇÚCAR IMPALPÁVEL

100 G DE LEITE INTEGRAL

CONFEITOS COLORIDOS PARA DECORAR

MASSA

1. Coloque a farinha, o sal, o açúcar e o fermento na tigela da batedeira. Use o batedor de pá ou raquete e bata só para misturar.
2. Acrescente a manteiga e bata por 1 minuto. Adicione os ovos misturados ao leite e à baunilha e ligue o aparelho novamente, batendo até formar uma massa homogênea.
3. Distribua a massa nas forminhas de cupcake e leve ao forno por aproximadamente 30 minutos.

COBERTURA DE BAUNILHA

1. Bata a manteiga e a baunilha na batedeira com o batedor de pá ou raquete.
2. Acrescente 100 g de açúcar, o leite e bata novamente. Adicione o açúcar restante aos poucos, batendo sempre.
3. Coloque em um saco de confeitar e cubra cada cupcake.
4. Salpique com confeitos coloridos.

Cupcakes de coco e merengue

INGREDIENTES

250 G DE FARINHA DE TRIGO

10 G DE FERMENTO EM PÓ

1 PITADA DE SAL

50 G DE DE COCO, ÚMIDO E ADOÇADO, EM FLOCOS

150 G DE MANTEIGA SEM SAL

270 G DE AÇÚCAR

3 OVOS

200 G DE LEITE DE COCO

COBERTURA

120 G DE ÁGUA

300 G DE AÇÚCAR

30 G DE GLUCOSE DE MILHO

6 CLARAS

100 G DE COCO, ÚMIDO E ADOÇADO, EM FLOCOS PARA DECORAR

MASSA

1. Peneire a farinha, o fermento e o sal. Adicione os flocos de coco.
2. Bata a manteiga e o açúcar, até obter um creme pálido, e adicione os ovos. Acrescente a farinha alternando com o leite de coco. Bata apenas até misturar os ingredientes.
3. Distribua a massa nas forminhas forradas com fôrmas de papel e leve ao forno preaquecido a 180 °C por aproximadamente 25 minutos.

COBERTURA

1. Misture a água, o açúcar e a glucose e leve ao fogo. Não mexa e deixe cozinhar até atingir 110 °C, ou o ponto de bala mole.
2. Enquanto isso, bata as claras em neve na batedeira. Assim que o açúcar atingir o ponto de bala, adicione em fio às claras, com o aparelho ligado, e continue batendo até que esfrie.
3. Coloque em um saco de confeitar e cubra cada cupcake.
4. Salpique com flocos de coco.

Cupcakes de merengue e chocolate

INGREDIENTES

100 G DE CREME DE LEITE
5 G DE VINAGRE BRANCO
180 G DE FARINHA DE TRIGO
2,5 G DE BICARBONATO DE SÓDIO
2,5 G DE FERMENTO EM PÓ
1 PITADA DE SAL
80 G DE CHOCOLATE MEIO AMARGO
100 G DE MANTEIGA SEM SAL
220 G DE AÇÚCAR
5 G DE EXTRATO DE BAUNILHA
2 OVOS

COBERTURA DE MERENGUE

3 CLARAS
300 G DE AÇÚCAR

COBERTURA DE CHOCOLATE

300 G DE CHOCOLATE AO LEITE TIPO COBERTURA

MASSA

1. Misture o creme de leite ao vinagre e reserve.
2. Peneire a farinha, o bicarbonato, o fermento e o sal. Reserve.
3. Derreta o chocolate no micro-ondas ou em banho-maria e reserve.
4. Bata a manteiga com o açúcar até obter uma mistura fofa e clara. Acrescente o chocolate derretido, a baunilha, os ovos e o creme de leite com vinagre. Desligue a batedeira e acrescente a farinha peneirada, misturando com a ajuda de um fouet.
5. Forre a bandeja de fôrmas de cupcake com forminhas de papel e despeje a massa. Leve ao forno preaquecido a 180 °C por aproximadamente 25 minutos.

COBERTURA DE MERENGUE

1. Leve as claras com o açúcar ao fogo em banho-maria e bata com um fouet até atingir 70 °C. Retire e coloque na batedeira. Bata até o merengue esfriar e ficar bem consistente.
2. Coloque o merengue em um saco de confeitar com bico pitanga largo e decore o topo de cada cupcake com ele.

COBERTURA DE CHOCOLATE

1. Derreta a cobertura em banho-maria.
2. Segure cada cupcake pela forminha e mergulhe o topo na cobertura de chocolate. Deixe secar e endurecer.

Cupcakes de maple syrup

INGREDIENTES

250 G DE FARINHA DE TRIGO

1 PITADA DE SAL

10 G DE FERMENTO EM PÓ

1 PITADA DE NOZ-MOSCADA

1 PITADA DE CRAVO EM PÓ

5 G DE CANELA EM PÓ

200 G DE MANTEIGA SEM SAL EM TEMPERATURA AMBIENTE

300 G DE AÇÚCAR

3 OVOS

200 G DE LEITE

COBERTURA

4 GEMAS

300 G DE MAPLE SYRUP

200 G DE MANTEIGA SEM SAL EM TEMPERATURA AMBIENTE

MASSA

1. Peneire a farinha, o sal, o fermento, a noz-moscada, o cravo e a canela. Reserve.
2. Bata a manteiga com o açúcar até obter um creme claro, e adicione os ovos, um a um. Acrescente a mistura de farinha, alternando com o leite.
3. Distribua a massa nas forminhas de cupcake e leve ao forno preaquecido a 180 °C por aproximadamente 25 minutos.

COBERTURA

1. Bata as gemas na batedeira até ficarem bem fofas e claras. Enquanto isso, leve o maple syrup ao fogo e cozinhe até atingir a temperatura de 110 °C.
2. Despeje o maple diretamente nas gemas, batendo continuamente até que a mistura esfrie. Adicione a manteiga aos poucos e bata até obter um creme homogêneo.
3. Coloque em um saco de confeitar e cubra cada cupcake.

Cupcakes Orange Marmalade

INGREDIENTES

120 G DE LEITE

5 G DE VINAGRE BRANCO

140 G DE FARINHA DE TRIGO

5 G DE FERMENTO EM PÓ

1 PITADA DE SAL

2,5 G DE BICARBONATO DE SÓDIO

100 G DE FARINHA DE AMÊNDOAS

90 G DE MANTEIGA SEM SAL

150 G DE AÇÚCAR

3 OVOS

50 G DE GELEIA DE LARANJA

COBERTURA

1 RECEITA DE BUTTERCREAM DE BAUNILHA (VER NA P. 8)

120 G DE GELEIA DE LARANJA

MASSA

1. Misture o leite ao vinagre e reserve.
2. Peneire a farinha de trigo. Junte o fermento, o sal, o bicarbonato e a farinha de amêndoas e misture.
3. Bata a manteiga com o açúcar, adicione os ovos, um a um, e acrescente a geleia. Bata bem. Acrescente as farinhas, alternando com o leite. Volte a bater até ficar homogêneo.
4. Distribua a massa nas forminhas de cupcake e leve ao forno preaquecido a 180 °C. Asse por aproximadamente 25 minutos.

COBERTURA

1. Com a ajuda de um saco de confeitar com bico perlê grande, faça um aro no topo de cada cupcake.
2. Preencha o espaço central com geleia de laranja.

Cupcakes de matcha

INGREDIENTES

300 G DE FARINHA DE TRIGO

10 G DE MATCHA EM PÓ INSTANTÂNEO

1 PITADA DE SAL

5 G DE FERMENTO EM PÓ

5 G DE BICARBONATO DE SÓDIO

100 G DE MANTEIGA

300 G DE AÇÚCAR

2 OVOS

200 G DE LEITE

COBERTURA E DECORAÇÃO

1 RECEITA DE BUTTERCREAM DE BAUNILHA (VER NA P. 8)

5 G DE MATCHA EM PÓ INSTANTÂNEO

MASSA

1. Peneire a farinha, o matcha, o sal, o fermento e o bicarbonato e reserve.
2. Na batedeira, bata a manteiga e o açúcar até obter um creme. Acrescente os ovos, um a um. Adicione a farinha peneirada alternando com o leite.
3. Disbribua a massa nas forminhas e leve ao forno preaquecido a 180 °C por aproximadamente 25 minutos.

COBERTURA E DECORAÇÃO

1. Prepare o buttercream de baunilha conforme as instruções. Acrescente o matcha e misture.
2. Decore com o saco de confeitar.

Cupcakes veganos de cacau e marshmallow

INGREDIENTES

140 G DE FARINHA DE TRIGO

5 G DE FERMENTO EM PÓ

2,5 G DE BICARBONATO DE SÓDIO

150 G DE AÇÚCAR

15 G DE CACAU EM PÓ

15 G DE AMIDO DE MILHO

45 G DE ÓLEO

100 G DE LEITE DE AMÊNDOAS

50 G DE PURÊ DE MAÇÃ

5 G DE EXTRATO DE BAUNILHA

MARSHMALLOW

1 LATA DE GRÃO-DE-BICO DE APROXIMADAMENTE 350 G

120 G DE AÇÚCAR

3 G DE EXTRATO DE BAUNILHA

MASSA

1. Misture todos os ingredientes secos e reserve.
2. Separadamente, misture o óleo, o leite de amêndoas, o purê de maçã e o extrato de baunilha. Junte aos ingredientes secos e mexa só até que a mistura fique homogênea.
3. Forre a fôrma de cupcake com forminhas de papel e distribua a massa. Leve ao forno preaquecido a 180 °C por aproximadamente 25 minutos.
4. Retire do forno, desenforme os cupcakes e deixe que esfriem em uma grade

MARSHMALLOW

1. Escorra o grão-de-bico, armazenando a água. Separe aproximadamente 80 g desse líquido e reserve os grãos para futura utilização.
2. Coloque a água do grão-de-bico na batedeira com o açúcar e comece a bater em velocidade média. Bata por aproximadamente 15 minutos, até que fique branco e consistente. Acrescente a baunilha.
3. Use para decorar os cupcakes.

   Nota: Esse "marshmallow" deve ser feito no momento em que os cupcakes forem consumidos, pois depois de algumas horas a mistura se separa e precisa ser batida novamente.

Cupcakes de Nutella® e framboesa

INGREDIENTES

100 G DE LEITE

5 G DE VINAGRE BRANCO

140 G DE FARINHA DE TRIGO

200 G DE AÇÚCAR

1 PITADA DE SAL

35 G DE CACAU EM PÓ

5 G DE BICARBONATO DE SÓDIO

1 OVO

100 G DE ÓLEO

5 G DE EXTRATO DE BAUNILHA

100 G DE ÁGUA FERVENTE

200 G DE NUTELLA®

COBERTURA

200 G DE MANTEIGA SEM SAL EM TEMPERATURA AMBIENTE

5 G DE EXTRATO DE BAUNILHA

350 G DE AÇÚCAR IMPALPÁVEL

50 G DE GELEIA DE FRAMBOESA

MASSA

1. Misture o leite e o vinagre e reserve.
2. Peneire a farinha, o açúcar, o sal, o cacau e o bicarbonato de sódio. Reserve.
3. Misture o ovo, o óleo, a baunilha e o leite. Adicione aos ingredientes secos, misture e acrescente a água fervente. Não bata demais a mistura, apenas até que fique homogênea.
4. Distribua a massa na fôrma de cupcake, com as cavidades forradas com forminhas de papel. Leve ao forno preaquecido a 180 °C e asse por aproximadamente 25 minutos.
5. Retire do forno, deixe esfriar 5 minutos e retire as forminhas da fôrma de cupcake.
6. Deixe os cupcakes esfriarem completamente.
7. Com a ajuda de um bico de confeitar para recheio, faça um furo no centro de cada cupcake e recheie com a Nutella®.

COBERTURA

1. Bata a manteiga com a baunilha até que fique cremosa.
2. Acrescente o açúcar impalpável aos poucos, até obter um creme.
3. Acrescente a geleia e misture tudo muito bem.
4. Com a ajuda de um saco de confeitar, cubra os cupcakes, decorando a gosto.

Cupcakes Brûlée

INGREDIENTES

420 G DE FARINHA DE TRIGO

10 G DE FERMENTO EM PÓ

150 G DE MANTEIGA SEM SAL

300 G DE AÇÚCAR

4 OVOS

200 G DE LEITE

CREME

1 FAVA DE BAUNILHA

600 G DE LEITE INTEGRAL

60 G DE AMIDO DE MILHO

150 G DE AÇÚCAR

6 GEMAS

1 PITADA DE SAL

65 G DE MANTEIGA SEM SAL EM TEMPERATURA AMBIENTE

10 G DE EXTRATO DE BAUNILHA

50 G DE AÇÚCAR CRISTAL PARA DECORAÇÃO

MASSA

1. Peneire a farinha com o fermento e reserve.
2. Bata a manteiga com o açúcar até obter um creme bem fofo e claro. Acrescente os ovos, um a um, batendo após cada adição.
3. Acrescente a farinha peneirada alternando com o leite.
4. Distribua a massa na fôrma de cupcake, forrada com forminhas de papel, e asse no forno preaquecido a 180 °C por aproximadamente 25 minutos.
5. Espere esfriar por 5 minutos, retire da fôrma e deixe os cupcakes esfriarem completamente em uma grade.

CREME DE CONFEITEIRO

1. Abra a fava de baunilha ao meio, pelo sentido do comprimento, e raspe as sementinhas com a ajuda da ponta de uma faca. Coloque a fava e as sementes em uma panela e junte 300 g do leite. Leve ao fogo até que ferva. Desligue e deixe esfriar.
2. Passe por uma peneira e junte o restante do leite. Misture o amido de milho e o açúcar com a ajuda de um fouet e acrescente o leite aos poucos, misturando bem, para evitar a formação de grumos. Acrescente as gemas peneiradas, o sal, a manteiga e leve ao fogo baixo, mexendo constantemente até que engrosse e comece a borbulhar. Não deixe o creme ferver para que não talhe.
3. Retire do fogo, passe por uma peneira, acrescente o extrato de baunilha e deixe que esfrie em uma tigela, coberto com filme plástico aderido ao creme.

MONTAGEM

1. Com a ajuda de uma faca, retire uma pequena porção do topo dos cupcakes, fazendo um pequeno orifício.
2. Recheie esse espaço com o creme de confeiteiro e cubra a superfície do bolinho com o mesmo creme.
3. No momento de servir, polvilhe com açúcar cristal e queime com um maçarico de cozinha.

Cupcakes de caramelo

INGREDIENTES

210 G DE FARINHA DE TRIGO

5 G DE FERMENTO EM PÓ

1 PITADA DE SAL

120 G DE MANTEIGA SEM SAL EM TEMPERATURA AMBIENTE

250 G DE AÇÚCAR

2 OVOS

100 G DE LEITE

COBERTURA

200 G DE MANTEIGA SEM SAL EM TEMPERATURA AMBIENTE

150 G DE AÇÚCAR

75 G DE ÁGUA

4 GEMAS

5 G DE EXTRATO DE BAUNILHA

150 G DE DOCE DE LEITE

MASSA

1. Peneire a farinha com o fermento e o sal e reserve.
2. Bata a manteiga com o açúcar até obter um creme bem fofo e claro. Adicione os ovos, um a um, batendo após cada adição. Acrescente a farinha alternando com o leite.
3. Distribua a massa na fôrma de cupcake, forrada com as forminhas de papel, e leve ao forno a 180 °C por aproximadamente 25 minutos.
4. Deixe esfriar por 5 minutos, retire da fôrma e espere esfriar completamente.

COBERTURA DE CARAMELO SALGADO

1. Bata a manteiga com uma espátula até que fique bem macia. Reserve.
2. Em uma panela, derreta o açúcar e deixe cozinhar por 1 minuto, até obter um tom de caramelo. Despeje a água cuidadosamente e cozinhe em fogo baixo até que o caramelo derreta novamente. Cozinhe até 110 °C.
3. Enquanto isso, bata as gemas na batedeira até que espumem e fiquem bem claras. Despeje a calda em fio e bata até que esfrie completamente. Acrescente a manteiga reservada aos poucos, sempre batendo, até obter um creme homogêneo e consistente.
4. Acrescente a baunilha.
5. Misture o doce de leite sem bater, deixando a mistura mesclada.
6. Coloque em um saco de confeitar com bico perlê grande e cubra os cupcakes.

Cupcakes de banana com uísque

INGREDIENTES

100 G DE MANTEIGA

200 G DE AÇÚCAR

250 G DE BANANA AMASSADA (APROXIMADAMENTE 3 UNIDADES GRANDES)

100 G DE CREME DE LEITE

30 G DE UÍSQUE

180 G DE FARINHA DE TRIGO

5 G DE BICARBONATO DE SÓDIO

2,5 G DE CANELA EM PÓ

1 PITADA DE SAL

COBERTURA

220 G DE MANTEIGA SEM SAL EM TEMPERATURA AMBIENTE

10 G DE EXTRATO DE BAUNILHA

65 G DE UÍSQUE

350 G DE AÇÚCAR IMPALPÁVEL

MASSA

1. Derreta a manteiga e acrescente o açúcar, as bananas amassadas, o creme de leite e o uísque.
2. Peneire os ingredientes secos e junte à mistura de banana, misturando com a ajuda de uma espátula.
3. Distribua a massa em uma fôrma de cupcake, forrada com forminhas de papel, e leve ao forno em 180 °C por aproximadamente 30 minutos.

COBERTURA

1. Bata a manteiga com a baunilha e o uísque até obter uma massa cremosa e homogênea. Adicione o açúcar aos poucos, até obter um glacê.
2. Coloque no saco de confeitar e decore cada cupcake.

Bolo de avelãs com crocante

INGREDIENTES

350 G DE FARINHA DE AVELÃS

25 G DE CACAU EM PÓ

6 CLARAS

380 G DE AÇÚCAR

GANACHE

200 G DE CREME DE LEITE FRESCO

400 G DE CHOCOLATE MEIO AMARGO EM PEDAÇOS

CROCANTE DE AVELÃ

50 G DE AVELÃS

100 G DE COBERTURA DE CHOCOLATE MEIO AMARGO

20 G DE MANTEIGA SEM SAL

20 G DE PASTA DE AVELÃS

60 G DE FLOCOS DE ARROZ

MASSA

1. Misture a farinha de avelãs com o cacau em pó.
2. Bata as claras em neve em ponto médio e adicione o açúcar aos poucos. Continue batendo até obter um merengue firme.
3. Desligue a batedeira e acrescente a farinha aos poucos, misturando com uma espátula, em movimentos suaves de cima para baixo.
4. Distribua a massa em quatro fôrmas redondas de 20 cm de diâmetro forradas com papel-manteiga. Asse em temperatura baixa (150 °C) até que o merengue esteja seco.

GANACHE DE CHOCOLATE MEIO AMARGO

Ferva o creme de leite e despeje no chocolate. Com a ajuda de um fouet, mexa até que se incorporem. Espere esfriar e encorpar.

CROCANTE DE AVELÃ

1. Pique as avelãs e toste-as ligeiramente em uma frigideira em fogo baixo.
2. Derreta o chocolate e a manteiga no micro-ondas, adicione a pasta de avelãs e misture. Acrescente as avelãs e os flocos de arroz, mexendo com uma espátula para que os ingredientes se distribuam de forma homogênea.
3. Despeje em uma folha de papel-manteiga untada e pressione a massa com as costas de uma colher, criando uma camada mais uniforme da mistura.
4. Espere endurecer e corte em pedaços pequenos.

MONTAGEM

1. Separe 150 g de ganache para a cobertura.
2. Com a ganache restante, alterne camadas de merengue e ganache. Decore o topo do bolo com o crocante e deixe descansar na geladeira por 1 hora antes de servir.

Bolo de rolo

INGREDIENTES

200 G DE MANTEIGA SEM SAL EM TEMPERATURA AMBIENTE

200 G DE AÇÚCAR

4 OVOS

200 G DE FARINHA DE TRIGO

450 G DE GOIABADA CREMOSA

1. Na batedeira, bata a manteiga com o açúcar até ficar bem cremosa. Adicione os ovos, um a um, e bata bem após cada adição. Diminua a velocidade da batedeira, acrescente a farinha e bata até a massa ficar bem lisa.
2. Unte e enfarinhe quatro assadeiras retangulares de bordas baixas e lisas, com aproximadamente 25 cm x 35 cm de lado.
3. Preaqueça o forno a 220 °C.
4. Coloque uma camada bem fina de massa em cada assadeira, espalhando com a ajuda de uma espátula angulada. Leve ao forno por 5 minutos no máximo, até que a massa fique opaca e não cole mais nos dedos. É muito importante que ela não asse demais.
5. Retire do forno e, com o bolo ainda quente, espalhe uma camada bem fina de goiabada cremosa por todo o bolo.
6. Com uma espátula pequena, levante a massa no sentido do comprimento da assadeira e comece a enrolar o bolo, levantando e enrolando a massa ao mesmo tempo.
7. Termine de enrolar a massa da primeira fôrma, deixando uma pequena borda para unir à massa da segunda. Repita o processo até a última massa.

Bolo de churros

INGREDIENTES

200 G DE LEITE INTEGRAL

10 G DE VINAGRE BRANCO

350 G DE FARINHA DE TRIGO

10 G DE FERMENTO EM PÓ

1 PITADA DE SAL

2,5 G DE CANELA EM PÓ (CASO SUA BALANÇA NÃO TENHA ESTA MEDIDA, COLOQUE UMA COLHER DE CHÁ DE CANELA EM PÓ)

380 G DE AÇÚCAR

200 G DE MANTEIGA SEM SAL EM TEMPERATURA AMBIENTE

3 OVOS

RECHEIO

1200 G DE DOCE DE LEITE PASTOSO

100 G DE CREME DE LEITE

50 G DE MANTEIGA

4 GEMAS

DRIP DE CARAMELO

120 G DE AÇÚCAR

200 G DE CREME DE LEITE FRESCO

MONTAGEM E DECORAÇÃO:

200 G DE MINICHURROS COMPRADOS PRONTOS E BUTTERCREAM DE CANELA

1 RECEITA DE BUTTERCREAM (VER NA P. 8)

MASSA

1. Misture o leite e o vinagre. Reserve.
2. Peneire a farinha com o fermento, o sal e a canela e reserve.
3. Bata o açúcar e a manteiga até obter um creme fofo e claro. Acrescente os ovos, um a um, batendo após cada adição.
4. Adicione a farinha alternando com o leite, batendo apenas até ficar homogêneo.
5. Divida a massa em duas fôrmas redondas de 20 cm de diâmetro, untadas e enfarinhadas.
6. Leve ao forno preaquecido a 180 °C e asse até que, espetando um palito, ele saia seco.

RECHEIO

Misture todos os ingredientes e leve ao fogo baixo, mexendo até que fique bem consistente e se desprenda dos lados da panela. Deixe esfriar.

DRIP DE CARAMELO

Derreta o açúcar em uma panela, em fogo baixo, mexendo constantemente. Quando formar um caramelo, despeje o creme de leite cuidadosamente. Deixe ferver novamente até que os cristais de açúcar derretam e o caramelo fique homogêneo. Desligue o fogo e deixe esfriar.

COBERTURA: BUTTERCREAM DE CANELA

Prepare a receita do buttercream e acrescente 5 g de canela em pó.

MONTAGEM

Corte cada massa em 2 camadas. Monte o bolo com a ajuda de um aro, alternando camadas de massa e recheio de doce de leite. Deixe descansar na geladeira por aproximadamente 5 horas, ou de um dia para o outro. Retire do aro e cubra o bolo com o buttercream de canela, alisando topo e lateral com a ajuda de uma espátula. Para decorar, espalhe o drip de caramelo já frio nas bordas, deixando que escorra e crie um efeito decorativo. Complete com uma porção de minichurros no topo do bolo.

Bolo bicho de pé

INGREDIENTES

200 G DE MANTEIGA SEM SAL EM TEMPERATURA AMBIENTE

450 G DE AÇÚCAR

5 G DE EXTRATO DE BAUNILHA

5 OVOS

400 G DE FARINHA DE TRIGO

10 G DE FERMENTO EM PÓ

1 PITADA DE SAL

200 G DE LEITE INTEGRAL

RECHEIO

1200 G DE LEITE CONDENSADO

80 G DE PÓ PARA O PREPARO DE REFRESCO SABOR MORANGO

45 G DE MANTEIGA

60 G DE CREME DE LEITE

3 GEMAS

DECORAÇÃO

1 RECEITA DE BUTTERCREAM DE BAUNILHA (VER NA P. 8)

CORANTE ROSA LIPOSSOLÚVEL

50 G DE RECHEIO DE BICHO DE PÉ

MASSA

1. Bata a manteiga com 400 g de açúcar e a baunilha até obter um creme fofo e claro. Acrescente as gemas e bata bem. Peneire a farinha com o fermento e o sal e reserve.
2. Adicione a farinha alternando com o leite e bata apenas até ficar homogêneo.
3. Bata as claras em neve separadamente, acrescente os 50 g de açúcar restantes aos poucos e bata por mais 5 minutos.
4. Delicadamente, incorpore o merengue à massa de bolo, com movimentos suaves de baixo para cima.
5. Divida a massa em três fôrmas redondas de 20 cm de diâmetro, untadas e enfarinhadas. Leve ao forno preaquecido a 180 °C e asse até que, espetando um palito, ele saia seco.
6. Retire do forno, deixe esfriar por 10 minutos, desenforme e espere esfriar totalmente.

RECHEIO

1. Misture todos os ingredientes e leve ao fogo baixo, mexendo continuamente até a mistura descolar dos lados e do fundo da panela.
2. Deixe esfriar.
3. Separe 100 g para a decoração e recheie o bolo com o doce restante.

DECORAÇÃO

1. Tinja o buttercream de baunilha com corante rosa lipossolúvel. Passe uma camada fina na lateral e no topo do bolo. Decore a lateral utilizando manga de confeitar e bico estrela largo (tamanho 5B).
2. Espalhe o doce reservado no topo com as costas de uma colher untada com manteiga sem sal.

Bolo com recheio de brigadeiro de capim-santo

INGREDIENTES

250 G DE LEITE

100 G DE CAPIM-SANTO EM FOLHAS

380 G DE FARINHA DE TRIGO

10 G DE FERMENTO EM PÓ

220 G DE MANTEIGA

400 G DE AÇÚCAR

4 OVOS

RECHEIO

50 G DE LEITE

100 G DE CREME DE LEITE

80 G DE CAPIM-SANTO EM FOLHAS

1185 G DE LEITE CONDENSADO

4 GEMAS

COBERTURA

300 G DE CREME DE LEITE FRESCO

5 G DE EXTRATO DE BAUNILHA

30 G DE AÇÚCAR

MASSA

1. No liquidificador, bata o leite com as folhas de capim-santo aos poucos. Coe e pese novamente. Reserve 200 g do leite aromatizado com capim-santo para o bolo.
2. Peneire a farinha com o fermento e reserve.
3. Bata a manteiga com o açúcar até obter um creme bem fofo e claro. Adicione os ovos, um a um, batendo bem após cada adição.
4. Acrescente a farinha peneirada com o fermento, alternando com o leite.
5. Bata só até a mistura ficar homogênea.
6. Divida a massa em duas fôrmas redondas de 25 cm de diâmetro, untadas e enfarinhadas, e leve ao forno preaquecido a 180 °C por aproximadamente 40 minutos.

RECHEIO DE BRIGADEIRO DE CAPIM-SANTO

1. Bata no liquidificador o leite, o creme de leite, as folhas de capim-santo e 200 g de leite condensado.
2. Passe pela peneira, junte as gemas e o leite condensado restante e leve ao fogo baixo, mexendo constantemente, até a mistura encorpar e descolar dos lados e do fundo da panela.

COBERTURA

Bata os ingredientes na batedeira até o ponto de chantili.

MONTAGEM

1. Intercale camadas de massa e recheio, e leve o bolo à geladeira por pelo menos 2 horas.
2. Antes de servir, cubra com uma fina camada de chantili e decore o topo e a lateral com bico pétala.

Bibliografia

Comida & Cozinha: ciência e cultura da culinária
Harold Mc Gee
Editora WMF Martins Fontes Ltda
São Paulo, 2014

Delícias do Descobrimento: a gastronomia brasileira no Século VI
Sheila Moura Hue, com a colaboração de Ângelo Augusto dos Santos e Ronaldo Menegaz
Jorge Zahar Editora
Rio de Janeiro, 2008

Açúcar: uma sociologia do doce, com receitas de bolos e doces do Nordeste do Brasil
Gilberto Freyre
Companhia das Letras
São Paulo, 1997

Dicionário do Doceiro Brasileiro
Antonio José de Souza Rego; organização de Raul Loddy
Editora Senac
São Paulo, 2010

The Cake Bible
Rose Levy Beranbaum
Harper Collins Publisher
Nova York, 1988

Baking and Pastry: mastering the art and craft
The Culinary Institute of America
John Wiley & Sons
New Jersey, 2004

Cakewalk: Adventures in Sugar with Margaret Braun
Margaret Braun
Rizzoli
Nova York, 2001

The Elements of Dessert
Francisco Migoya
The Culinary Institute of America
John Wiley & Sons
New Jersey, 2012

The Art of the Confectioner: Sugarwork and pastillage
Ewald Notter
John Wiley & Sons
New Jersey, 2012

Sobre a autora

Otávia Sommavilla é confeiteira especializada na decoração artística de bolos e desde 2007 desenvolve projetos exclusivos para o mercado de eventos.

Fez estágios na área e cursos com mestres renomados, como Margaret Braun, Colette Peters, Alan Dunn, Maisie Parrish, Debbie Brown. Estudou confeitaria vegana no Natural Gourmet Institute, de Nova York.

Em parceria com a Chef Morena Leite publicou o livro Doce *Brasil Bem Bolado* em 2012 e durante cinco anos foi diretora do Instituto Capim Santo, criado para capacitar jovens em risco social para o mercado gastronômico.

Já se apresentou como chef convidada em importantes eventos literários, como a Frankfurt Buchmesse, FLIP Paraty e Bienal Internacional do Livro de São Paulo.